이 책은 **생활** 속에 가득한
원리 과학의 개정판입니다

알고 보니 내 생활이 다 과학!

2013년 8월20일 2판1쇄 발행 | 2024년 5월10일 2판18쇄 발행

글 | 김해보 정원선　**그림** | 이창우
펴낸이 | 나춘호　**펴낸곳** | (주)예림당
등록 | 제2013-000041호　**주소** | 서울시 성동구 아차산로 153
구매 문의 전화 | 561-9007　**팩스** | 562-9007
책 내용 문의 전화 | 3404-9228
http://www.yearim.kr

책임 개발 | 전윤경 / 서인하　**디자인** | 이현주
콘텐츠 제휴 | 문하영
제작 | 신상덕 / 박경식
마케팅 | 임상호 전훈승

ⓒ 2013 김해보 정원선 이창우
ISBN 978-89-302-6793-9　74400
ISBN 978-89-302-6880-6　74080(세트)

* 이 책은 〈생활 속에 가득한 원리 과학〉의 개정판입니다.
　저작권법에 따라 보호받는 저작물이므로 무단 전재와 무단 복제를 금합니다.
　이 책의 표지 이미지나 내용 일부를 사용하려면 반드시 (주)예림당의 서면 동의를 받아야 합니다.

어린이제품 안전특별법에 의한 제품 표시사항

제품명 | 도서　제조자명 | (주)예림당　제조국명 | 대한민국　전화번호 | 02)566-1004
주소 | 서울시 성동구 아차산로 153　제조년월 | 발행일 참조　사용연령 | 8세 이상

주의! 책의 모서리가 날카로우니, 던지거나 떨어뜨려 다치지 않도록 주의하세요.

알고 보니 내 생활이 다 과학!

김해보·정원선 글 | 이창우 그림

• 펴내는 글

정보가 3기가(GB)라도 꿰어야 지식!

인터넷의 발달로 지금은 말 그대로 '정보의 홍수 시대'입니다. 책상에 앉아서도 도서관 서가에 꽂혀 있는 책 전부에 담긴 정보보다 더 많은 양의 정보를 손쉽게 얻을 수 있습니다. 그중 많은 정보들에는 '과학'이라는 이름도 수없이 많습니다. 하지만 홍수 속에서 허우적대며 떠내려가는 사람에게는 그 물이 오히려 해가 되는 것처럼, 과학 정보가 아무리 세상에 널려 있어도 그것들을 제대로 활용하지 못하면 오히려 해가 될 뿐입니다.

호기심으로 알알이 꿴 나만의 과학 지식!

세상에 널린 정보를 의미 있는 것으로 만들려면 그 정보들을 하나하나 꿰어서 나만의 지식으로 만들어야 합니다. 인터넷에는 이미 남들이 꿰어 놓은 정보가 너무나 많아요. 수동적으로 정보를 받기만 하면 '세상을 꿰는' 사고 방식조차 다른 사람의 것을 따르게 되고 말 것입니다.

요즘 같은 시대에 빛을 발하는 것은 나만의 방식으로 꿴 독창적인 지식입니다. 이 지식을 꿰는 생각의 고리는 바로 생활 속에서 부딪히는 문제들을 풀려고 하는 꼬투리 잡기, 즉 '호기심'입니다.

'와!', '어?', '아!' – 재미있는 세상을 읽어 주는 과학

이 세상은 참으로 복잡하면서도 재미있는 것들로 가득 차 있지요. 특히 요즘은 인터넷을 통해 신기한 것들이 순식간에 퍼져 많은 사람들이 한꺼번에 '와!' 하고 감탄하고는 또 그냥 쉽게 잊어버리는 경우가 많습니다.

　하지만 여러분은 '와!' 할 정도의 호기심을 끄는 것이 있으면 그냥 보고만 있지 말고 '어?' 하면서 그 속에 담긴 의문점을 찾아내 보세요. 호기심만 있다면 그 의문점을 풀어 줄 수 있는 정보는 언제 어디서나 손쉽게 구할 수 있으니까요.
　꼬리에 꼬리를 무는 호기심으로 '아!' 하고 모든 의문점이 풀릴 때까지 차근차근 풀어 간다면, 여러분 모두는 바로 아인슈타인 같은 위대한 과학자가 될 것입니다.

　과학은 복잡한 세상을 이해하는 여러 가지 방법 중에서 매우 편리하고 가장 보편타당한 것으로 인정받는 생각의 도구 중 하나일 뿐, 절대로 특별하고 어려운 것이 아닙니다. 과학이라는 생각의 도구를 이용하면 여러분은 이 세상을 좀 더 쉽게 이해할 수도 있고, 또 만들어 낼 수도 있습니다. 세상의 점점 더 많은 부분을 과학 기술이 만들어 내고 있으니까요.

　잊지 마세요.
　새로운 세상을 만드는 생각의 주인공은 바로 여러분이라는 것을.

글쓴이 김해보, 정원선

차례

울고 싶어라! **씨 없는 수박** • 9

보석보다 귀한 **소금** • 14

흔하지만 영양 만점, **콩나물** • 19

소리로 보고, 세척도 한다? **초음파** • 24

비워야 채워지는 **진공 이야기** • 30

전통 과학 기술의 꽃, **도자기** • 36

떫은맛의 비밀, **감** • 41

흔해서 더욱 귀한 **금** • 45

칼을 닮은 빛, **레이저 광선** • 50

생명을 숨 쉬게 하는 **산소** • 56

사이버 시대의 새로운 무기, **전자 폭탄, 사이버 폭탄** • 62

둥근 원 속에 숨은 과학, **바퀴** • 68

우리 몸속에도 시계가? **생체 시계** • 74

불 방귀로 하늘을 나는 **로켓** • 80

맛있는 김치의 비밀, **발효** • 86

점으로 그린 그림, **디지털 이미지** • 92

뿌연 세상을 깨끗하게! **김 서림 방지** • 96

코코코, **콧물** 그리고 **코딱지** • 100

빛과 소리가 흩어지는 **난반사** • 105

세상을 환하게 밝히는 **전등** • 108

최첨단 과학, **종이** • 113

윷놀이와 복권에 숨은 **확률** • 117

꼬불꼬불 맛있는 **라면** • 121

최첨단 나침반, **위성 위치 확인 시스템** • 126

불가마 같은 밤, **열대야** • 130

매끈함 속에 감춰진 비밀, **거울** • 135

울퉁불퉁 **골프공**, 실로 꿰맨 **야구공** • 139

세상을 보는 또 다른 눈, **안경** • 144

구리구리 구린 **방귀** • 148

내 몸이 뜬다 떠! **부력** • 153

카드 속에 돈이? **교통 카드** • 157

손가락 하나로 조종하는 **리모컨** • 161

생활 속 화학 실험실, **미용실** • 165

큰 화재를 예방하는 **소화기** • 169

손끝만 살짝 대 봐! **터치스크린** • 175

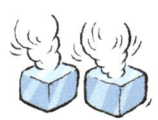

손대면 다쳐! **드라이아이스** • 180

후텁지근한 여름! 냉장고에서 시원한 수박을 꺼내 한입 와삭 깨물면 더위가 싹 물러가는 것 같아요. **달콤하고 시원한 수박**은 여름을 대표하는 과일이지요.
요즘은 **씨 없는 수박, 네모난 수박, 노란 수박** 등 다양하게 개량된 수박들을 많이 볼 수 있어요. 그런데 이 수박들이 할 말이 있대요. 한번 들어 볼까요?

● 여름엔 수박이 최고!

수박은 수분 함량이 91퍼센트나 돼요. 몸속으로 흡수가 빨라 갈증을 빠르게 해소시켜 줄 뿐만 아니라, 당질, 단백질, 비타민 A, 칼슘, 섬유질 등도 풍부한 채소입니다. 땀을 많이 흘리는 여름철에 특히 좋은 영양 보충원 중의 으뜸이라고 할 수 있지요.

한방에서는 오줌을 잘 나오게 하는 약으로도 쓰며, 미국에서는 수박의 붉은 색소인 리코펜이 항산화 물질이어서 체내 유해 산소를 없애는 작용을 해 건강에 좋다는 연구 결과를 발표하기도 했습니다.

● 수박씨가 귀찮다고?

옛날 사람들도 지금처럼 크고 달디단 수박을 먹었을까요? 원래 수박은 아프리카 남부에 있는 칼라하리 사막 지역이 원산지인데, 이 지역에는 쓴맛이 있는 것과 쓴맛이 없는 것, 두 가지 종류의 수박이 있었다고 합니다. 그중 쓴맛이 없는 수박을 부시먼족이 식량과 물의 공급원으로 이용했습니다.

그럼 수박은 언제부터 재배되었는지 아세요? 약 4천 년 전 고대 이집트인이 수박을 재배하였을 거라고 추정되는 그림이 남아 있습니다. 이런 것을 보면 아주 오래전부터 재배되었을 거라고 짐작이 됩니다.

그런데 사실 수박은 씨를 이용하기 위해서 재배를 시작한 것이라고 합니다. 지금도 중국, 아프리카에서는 수박씨에서 짜낸 기름을 식용유로 쓰고 있지요. 수박씨에는 단백질, 지방, 비타민 B 등의 영양소가 과육보다 많이 들어 있거든요. 그래서 중국 사람들은 콜레스테롤이 많은 돼지고기를 먹을 때 말린 수박씨를 소금과 함께 볶아 먹기도 하고 그냥 간식으로 먹기도 합니다.

어쨌거나 요즘 사람들은 씨보다는 시원한 과육을 더 즐기고 있고, 심지어 씨를 발라 먹기 귀찮다며 씨 없는 수박을 만들어 내기에 이르렀습니다.

하지만 씨 없는 수박의 장점이 먹기 편하다는 것만은 아닙니다. 수박을 포함해 대부분의 과일들은 과육보다는 씨에 영양을 더 많이 쏟습니다. 때문에 씨가 없으면 과일들은 그만큼 과육에 더 많은 영양을 쏟게 되지요.

따라서 씨 없는 수박을 먹으면 더욱 영양 많고 맛있는 수박을 먹는 것이라 일석이조라고 할 수 있습니다.

⊙ 억울한 수박

그렇다면 수박의 입장에서는 씨 없는 게 어떨까요? 당연히 정상이 아니지요. 씨 없는 수박은 인공적인 화학 처리로 자손을 만드는 능력을 없앤 <u>부자연스러운 수박</u>이에요. 씨가 없으니 스스로는 절대 번식하지 못하지요.

이렇듯 사람들은 자신들의 목적을 위해 자연에 억지로 변형을 가합니다. 당하는 입장에서 보면 무척 부자연스럽고 억울한 일이지요.

식물들이 씨로 가는 영양분을 덜어서 맛있는 열매를 만드는 것은, 동물들이 그 열매를 맛있게 먹고 그 대신 씨앗을 더 멀리, 더 많이 퍼뜨려 주기를 바라기 때문입니다. 그런데 사람들은 그런 자연의 원칙도 귀찮아하고 무시하는 이기적인 행동을 하고 있습니다.

차곡차곡 쌓아서 한 번에 많이 운반하기 좋도록 – 물론 신기하게 보이려

는 목적도 있지요 – 억지로 네모난 상자에 넣어서 키운 네모난 수박도 사실은 사람들 때문에 어쩔 수 없이 영양분을 낭비하고 위험을 감수하면서 그렇게 모습을 바꾼 것입니다. 자연적으로 보면 같은 양의 재료로 가장 큰 부피가 되려면 네모난 육면체보다는 둥근 구형이 더 적합한데도 말입니다.

이런 합리적인 자연의 법칙에 따라 한정된 영양분으로 껍질을 최소화하고 안전하게 자라려면 수박도 둥글게 커야 하는데, 사람들 때문에 억지로 네모로 자라야 하는 것입니다.

이제부터라도 억울하게 고생하는 수박들을 생각해서라도 수박씨를 귀찮아하지 말기를 바랍니다.

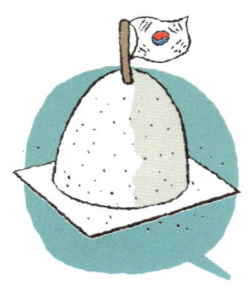 # 보석보다 귀한

언젠가 죽염이나 구운 소금에서 발암 물질인 다이옥신이 검출되었다고 해서 한참 떠들썩한 적이 있었습니다. 이 때문에 새삼스레 소금에 대한 관심도 높아졌지요.
세상에 없어서는 안 될 것이라는 뜻으로 '빛과 소금'이라는 말이 있을 정도로 소금은 우리 생활에 아주 중요한 것입니다.

📖 영험하고 신성한 소금

소금을 만들기 어려웠던 옛날에는 소금이 무척 귀해서, 로마 시대에는 관리와 군인의 봉급으로 소금을 주었다고 합니다. 또한 우리나라를 비롯한 많은 나라에서 소금을 국가에서 관리하고 판매하는 전매 제도를 시행했고, 경제가 어려울 때는 구황 물품으로 나누어 주기도 했습니다. 이렇게 귀한 소금이다 보니 자연히 소금 생산지가 교역의 중심이 되었지요.

그리고 나라마다 소금에 대한 문화적 상징성은 약간씩 달랐지만 공통적으로는 영험한 것, 신성한 것으로 여겨져 왔습니다. 우리나라에서는 잡귀를 물리친다는 의미로 소금을 뿌리기도 했지요. 요즘도 가끔 재수 없는 사람이 왔다 가면 소금을 뿌리라고 하잖아요.

생선이나 육류, 야채 등에 소금을 뿌려 놓으면 <u>부패를 막아 오랫동안 음식을 보관</u>할 수 있습니다. 배추를 소금에 절여 김치로 담그는 것이 좋은 예입니다.

옛날 사람들은 이렇게 음식이 상하는 걸 막아 주는 소금을 매우 영험한 것으로 생각했습니다. 냉장고나 저장 시설이 따로 없었을 때니까 그 위력

15

은 정말 대단한 것이었지요!

 고대 이집트에서는 미라를 만들 때 시체를 소금물에 담갔고, 그리스, 로마, 이스라엘에서는 소금을 신에게 바쳤으며, 신에게 바치는 짐승의 고기는 소금으로 짜게 간을 했다고 합니다. 아랍에는 함께 소금을 먹으면 친구로 여기는 풍속도 있습니다. 이렇게 소금은 불변성, 맹세, 우정의 상징이 되기도 했습니다.

📖 우리 몸속에도 소금이?!

가끔 탈수 증세를 보이는 사람한테 링거액을 주사하는 것을 보았을 거예요. 이때 링거액에 들어 있는 것이 바로 식염수입니다. 그런데 이 식염수는 사실 농도가 0.9퍼센트인 소금물일 뿐입니다. 사람의 혈액 중에 있는 소금의 농도가 바로 0.9퍼센트지요. 참고로, 개구리한테 맞는 식염수는 농도가 0.7퍼센트라고 합니다.

이와 같이 사람뿐만 아니라 동식물의 체액 속에는 모두 소금이 들어 있습니다. 소금은 우리 몸속에서 <u>체액의 산도를 일정하게 유지</u>하는 역할을 하고, <u>쓸개즙, 장액 등의 소화액을 만들기도</u> 합니다. 따라서 몸속에 소금의 양이 부족하면 식욕이 떨어지고 소화도 안 되며 쉽게 피로해지고 정서 불안이 생기기도 합니다. 이처럼 소금은 생명을 유지하는 데 매우 중요한 역할을 하는 것입니다.

이런 현상을 경험적으로 알고 있던 고대인들에게 소금은 더없이 소중한 것이었습니다. 그래서 이곳저곳을 돌아다니며 사냥과 채집 활동을 통해 소금을 보충했지요. 왜냐하면 모든 동식물의 몸속에는 염분이 들어 있으니까요.

그런데 한곳에 정착해 농사를 짓기 시작하면서부터는 예전처럼 사냥과 채집 활동으로 소금을 얻는 일이 어려워졌습니다. 그래서 점차 바닷물을 증발시키거나 돌덩어리 소금(암염)을 녹이는 등 소금 만드는 기술이 발달하기 시작했습니다.

소금은 짜다. 그래서 맛있다?

집에서 엄마가 음식을 만들 때 제대로 맛있게 만들어졌는지 확인하기 위해서 '간 본다'는 표현을 씁니다. '간 본다'는 말은 음식의 짠맛이 적당한지를 알아본다는 말로, 그만큼 음식의 맛 중 가장 중요한 것이 짠맛이라는 뜻을 포함하고 있습니다. 이 짠맛의 근원이 소금이니 아마 소금이 없었다면 우리는 제대로 간이 된 음식을 먹을 수 없었을 것입니다.

어떤 사람은 수박 화채에 설탕 대신 소금을 넣기도 하고, 단팥죽을 더 달게 하기 위해 소금을 치기도 합니다. 왜 단 설탕이 아니라 짠 소금을 넣는 걸까요?

그것은 짠맛이 그냥 짜기만 한 것이 아니라 단맛, 신맛 등 다른 맛을 전체적으로 돋우는 역할을 하기 때문입니다. 또 막 끓인 찌개는 괜찮았는데, 식으면 더 짜게 느껴지는 것은 온도가 높을수록 짠맛이 약하게 느껴지기 때문입니다.

이렇게 소중하고 귀한 소금도 너무 많이 먹으면 건강을 해칠 수 있으니, 무엇이든 적당한 것이 좋겠지요?

흔하지만 영양 만점 콩나물

우리는 가끔 너무 뻔한 것들에 대해 "당연한 거 아냐?", "원래 그런 거지 뭐." 하고 말하는 경우가 많습니다. 하지만 이것은 과학적인 사고 방식이 아닙니다. 당연하다 생각했던 것도 다른 관점에서 보면 재미있는 과학 원리가 숨어 있는 경우가 종종 있지요.
그럼 우리가 자주 먹는 콩나물에는 어떤 과학이 숨어 있는지 알아볼까요?

왜 콩나물을 먹기 시작했을까?

콩나물을 언제부터 먹기 시작했는지는 정확하게 알 수 없어요. 하지만 중국의 옛 문헌 《본초강목》과 우리나라의 《산림경제》를 보면 최소한 3, 4백 년 전부터 먹었던 음식이라는 것을 알 수 있습니다.

그런데 사람들은 왜 굳이 콩을 콩나물로 키워서 먹었을까요? 그냥 콩에도 영양분이 풍부한데 말이에요. 더 많이 먹으려고? 콩밥이 싫어서? 콩나물 비빔밥이 먹고 싶어서?

그 이유는 콩이 콩나물로 성장하면 단백질은 줄어드는 대신 비타민 C,

판토텐산, 아스파라긴산 그리고 비타민 B군에 속하는 비타민과 각종 아미노산이 생기고 섬유질이 많아지기 때문입니다. 특히 비타민 C, 판토텐산, 아스파라긴산 등은 피로를 회복시키고 간을 튼튼하게 하는 작용을 하기 때문에 어른들이 술을 마신 다음 날 콩나물국을 많이 찾는 것입니다.

여기서 잠깐, 러일 전쟁 이야기 한 토막 들려줄게요. 러일 전쟁은 당시 강대국이었던 러시아와 그보다 세력이 약했던 일본이 벌인 전쟁입니다. 그런데 그 전쟁에서 러시아가 맥없이 졌습니다. 그 이유는 러시아 함대의

병사들이 오랜 바다 생활로 채소를 못 먹어서 괴혈병으로 쓰러졌기 때문입니다.

만약 러시아 병사들이 콩나물을 길러 먹는 방법을 알았다면 어땠을까요? 아마 세계 역사는 바뀌었을지도 몰라요. 정말 대단한 콩나물이지요?

콩나물의 굴광성과 굴지성

작은 방에 사람들이 빽빽이 들어차 있는 모습을 보고 사람들은 콩나물시루 같다는 표현을 많이 씁니다. 콩나물 콩을 시루에 무작위로 뿌리면 빽빽하게 자라기 때문이지요.

그런데 콩나물은 자랄 때 항상 머리(떡잎)는 위로 향하고 뿌리는 아래로 향한 채 곧추서서 자랍니다.

이처럼 식물은 보통 외부의 자극을 받으면 그 자극과 관련된 방향으로 굽는 성질(굴성)이 있습니다. 잎과 줄기가 햇빛 쪽으로 자라는 것은 굴광성, 뿌리가 중력이 작용하는 땅속으로 자라는 것은 굴지성이라고 하지요. 식물은 줄기와 뿌리에 외부 자극에 반응하는 생장 호르몬이 있어서 본능처럼 햇빛이나 중력을 따라 자라는 것입니다.

참고로 동물의 경우 용어가 조금 달라집니다. 동물이 빛을 향하거나 빛을 피하는 것은 주광성, 중력의 자극으로 위나 아래로 향하는 것은 주지성이라고 합니다.

햇빛은 안 돼!

키만 멀쑥하게 큰 사람을 콩나물에 비유하기도 합니다. 콩나물은 햇빛을 막아야 잘 크고, 연하게 자랍니다. 만약 햇빛을 쪼이면 콩나물은 노란색에서 초록색으로 변하고, 질겨지고, 키도 잘 자라지 않게 됩니다.

참 이상하지요? 대개 식물은 햇빛을 받아야 광합성도 하고 잘 자라는데, 왜 콩나물은 햇빛이 없어야 키가 더 쑥쑥 자랄까요?

콩나물뿐만 아니라 모든 식물은 햇빛이 들지 않는 곳에서 자라게 되면 잎과 줄기는 녹색을 잃고 노랗게 변하며, 줄기만 비정상적으로 길게 자라게 됩니다. 이것을 황화 현상이라고 합니다.

이 현상은 빛이 가로막혀 식물에 닿지 못하게 되면, 식물이 빛을 받기 위해 스스로 잎과 뿌리의 생장을 억제하고, 대신 줄기를 비정상적으로 길게 키우기 때문에 생기는 현상입니다.

그동안은 식물이 빛의 양에 따라 스스로 생장 호르몬 분비를 조절하는 성장 메커니즘이 확실히 밝혀지지 않았습니다. 그런데 우리나라 과학자가 세계 최초로 그 원리를 밝혀냈습니다. 이 원리를 활용하면 필요에 따라 농작물을 쑥쑥 자라게 하거나 자라지 못하게 할 수도 있습니다.

아마도 우리가 콩나물을 많이 먹어서 그 원리를 다른 나라 사람보다 빨리 알아낸 것은 아닐까요? 여러분도 콩나물을 많이 먹으면 키도 쑥쑥 크고 사고력도 팍팍 자라지 않을까 싶네요.

소리로 보고, 세척도 한다? 초음파

안경원에서 흔히 볼 수 있는 **콘택트렌즈 세척기**, 가정에서 많이 사용하는 **가습기**, 산부인과에서 배 속의 아기 모습을 보여 줄 때 사용하는 **초음파 진찰기** 등의 공통점은 무엇일까요?
정답은 초음파를 이용한다는 것이에요. 초음파는 소리인데 대체 어떻게 보고, 씻는 것을 할 수 있을까요?

초음파는 큰 소리? 강한 소리?

초음파는 영어로는 'ultrasound', 한자로는 '超音波'라고 합니다. 모두 '아주 강한 소리'라는 의미지요. 초음파는 정확하게는 주파수가 아주 높은 소리로, 사실 주파수가 높다고 해서 소리 세기가 큰 것은 아닙니다.

주파수는 1초에 얼마나 진동하는지 그 횟수, 즉 헤르츠(Hz)로 따집니다. 헤르츠의 1,000배를 킬로헤르츠, 킬로헤르츠의 1,000배를 메가 헤르츠라고 합니다.

사람이 귀로 들을 수 있는 소리는 주파수가 20헤르츠에서 20킬로헤르츠 사이입니다. 이 사이의 주파수를 '가청(들을 수 있는) 주파수'라고 합니다. 그런데 초음파는 주파수가 20킬로헤르츠에서 30메가헤르츠 사이로, 사람은 들을 수 없는 소리입니다.

참고로 병원에서 쓰는 초음파는 1~20메가헤르츠로 매우 강합니다. 하지만 인체에는 해가 없다고 하네요.

🔖 소리의 성질이 곧 초음파의 성질

초음파는 소리의 일종이므로 소리의 일반적인 성질을 알면 생활 속에서 다양하게 활용되는 초음파에 대해서도 쉽게 알 수 있습니다.

빛과 전파 그리고 소리는 모두 파동입니다. 빛과 소리는 파동이라는 같은 점도 있지만 서로 다른 점도 있습니다. 태양 빛이 우주 공간을 지나 지구까지 오는 것에서 알 수 있듯이 빛은 공기가 없는 우주에서도 전달되지만 소리는 전달되지 못합니다. 이것은 참 다행스러운 일이에요. 만약 소리가 우주에서도 전달된다면 우리는 우주 공간에서 일어나는 그 수많은 폭발과 충돌의 소음을 끊임없이 들으며 살아야 했을 테니까요.

조금 어려운 이야기지만, 빛과 전파의 파동은 전기장과 자기장이 번갈아 생겨 매질(파동을 전해 주는 중간 물질)이 없어도 멀리까지 갈 수 있습니다. 하지만 소리의 파동은 매질 자체가 떨리는 것이기 때문에 공기나 액체 또는 고체 매질이 없이는 소리 자체가 생길 수도, 전달될 수도 없습니다.

너무 어려운가요? 자, 그래도 이것 한 가지는 기억하세요. 초음파는 매질의 떨림에 의해 전달되는 파동, 즉 소리 중에서도 주파수가 아주 큰 소리라는 것을요.

🔊 소리로 본다?

산 위에서 "야호!" 하고 외치면, 조금 뒤에 반대편에서 "야호!" 하며 메아리가 돌아옵니다. 이처럼 모든 파동이 그렇듯 소리는 반사되는 성질이 있습니다. 그래서 약간씩 각도를 다르게 해서 소리를 쏘아 보낸 뒤 반사되어 되돌아오는 소리를 분석하면, 앞에 어떤 물체가 있는지 알 수 있습니다. 박쥐나 돌고래가 이렇게 초음파를 이용해서 먹이를 잡는다는 것은 여러분도 잘 알고 있지요?

자세히 말하면, 파동의 성질 중에는 매질에 따라 투과율과 반사율이 다르다는 특성이 있는데, 이것을 이용해 반사되는 소리의 파동을 분석하면 그 소리를 반사한 물체의 움직임, 물질의 종류에 대한 정보까지도 알아낼 수 있습니다.

특히 컴퓨터가 발달해 많은 데이터들을 처리할 수 있게 되면서부터 병원에서는 3차원으로 된 입체 초음파 사진으로 환자와 임신부를 진찰하고 있습니다.

🔊 빠른 떨림이 주는 편리함

가정에서 쓰는 초음파형 가습기도 초음파가 매질의 떨림에 의해 만들어지고 전달된다는 성질을 이용하여 개발된 것입니다. 초음파 진동체(진동하는 성질을 가진 물체)에 전기 신호를 흘려 보내면 진동체가 떨리면서 그 진동에

의해 초음파가 발생합니다. 이런 진동체를 얕은 물 밑바닥에 설치하면 그 빠른 진동에 의해서 아주 미세한 물 알갱이들이 물 밖으로 튀어 나가 공기를 촉촉하게 만들어 주는 것입니다.

이와 비슷한 원리로 초음파의 빠른 떨림이 만들어 내는 작은 기포들이 잘 닦이지 않는 때를 씻어 내는 경우도 있습니다. 바로 콘택트렌즈 세척기이지요. 또 초음파의 빠른 떨림이 만들어 내는 열 – 물체는 진동하면 열이 납니다 – 을 이용해 반도체 부품의 도선, 귀금속 등을 용접하는 초음파 용접기도 있습니다.

이와 같이 우리는 소리의 한 종류인 초음파의 근본 성질과 원리를 알게 되면서 생활 속에서 다양하게 활용하고 있습니다. 그러니까 무엇이든 원리를 생각하세요! 거기서부터 새로운 발명이 시작됩니다.

비워야 채워지는 진공 이야기

'우잉~!' 진공청소기로 청소하다가 조그만 장난감이나 액세서리 등이 청소기 안으로 쏙 빨려 들어가서 난감했던 적이 있나요?
우리 주위에는 진공을 이용한 것들이 꽤 많습니다. 진공청소기뿐만 아니라 진공 포장, 진공 건조 등 진공이란 말을 자주 듣게 되지요.
이외에도 어떤 것들이 있을까요?

✪ 누르는 힘의 크기가 바로 압력

'진공'이란 진짜로 비어 있는 상태 또는 공간이라는 뜻입니다. 진공에 가깝다는 말은 일정한 공간에 차지하는 기체 분자가 적다는 뜻이지요. 그런데 기체 분자는 잠시도 가만히 있지 않아요. 마구 돌아다니며 벽에 부딪히면서 압력을 만들어 냅니다. 그래서 진공의 정도는 용기 내부 기체 압력의 높고 낮음으로 표시합니다.

진공의 정도를 나타내는 단위로는 여러 가지 압력 단위 중에서도 특히 '토르(Torr)'라는 단위를 많이 씁니다. 이탈리아의 수학자이자 물리학자인

토리첼리의 이름을 딴 것으로, 토리첼리는 수은 기둥을 거꾸로 세운 '토리첼리의 진공'을 발견한 사람입니다. 토리첼리가 발견한 대로 지표면의 1기압은 수은 기둥 76센티미터가 누르는 힘과 같습니다.

일기 예보에서 기압의 단위로 많이 사용하는 파스칼(Pa)도 진공의 정도를 나타내는 단위로 많이 씁니다. 둘 사이의 관계는 1토르가 133.3파스칼 정도입니다.

1기압 상태의 대기 속에는 1제곱센티미터에 약 2.5×10^{19}개, 즉 세계 72억 인구의 약 35억 배나 되는 엄청난 숫자의 기체가 돌아다니고 있습니다. 인공적으로 진공 상태를 만들기 위해서는 이른바 진공 펌프를 이용해서 기체 분자들을 퍼내야 하는데, 완전히 비어 있는 상태로 만드는 건 불가능하기 때문에 실생활에서는 1,000분의 1토르, 즉 10^{-3}토르 이하의 압력만 되어도 진공이라고 합니다. 전구나 텔레비전 브라운관은 $10^{-3} \sim 10^{-7}$토르인데, 진공으로 여기지요.

하지만 지구를 벗어나 우주로 나가면 바로 초고진공 상태가 됩니다. 위성 궤도 부근은 $10^{-6} \sim 10^{-8}$토르 정도이고, 은하계의 끝 쪽은 $10^{-12} \sim 10^{-16}$토르 정도라고 하는데, 과학자들마다 그 계산 값이 조금씩 다르긴 하지만, 어쨌든 엄청난 진공 상태라는 건 확실하지요.

★ 진공청소기 안은 정말 진공일까?

자연은 공평한 것을 좋아하기 때문에 기체는 압력이 높은 곳에서 낮은 곳으로 흘러 들어가게 됩니다. 그렇다면 어떤 한 지점이 진공 상태이면 그곳으로 바람이 세게 불어 들어가듯이 물건들도 빨려 들어가겠지요? 한 예로, 초고진공 상태인 우주 공간에서 우주 비행사들이 우주복을 입지 않고 우주선 밖으로 나간다면, 몸 안의 모든 장기와 체액이 모두 우주 공간으로 퍼지려고 해, 우주 비행사의 몸은 터져 버리고 말 것입니다.

이렇듯 무엇이든 빨아들이는 진공의 원리를 이용해서 만든 것이 바로 진공청소기입니다. 진공청소기는 1901년 영국의 허버트 세실 부스라는 사람이 발명했습니다. 재미있는 것은 당시 미국의 어떤 발명가가 바람을 불어 내 먼지를 집진기 속으로 집어넣는 자동 청소기를 발명한 것을 보고, 반대로 세실은 먼지를 빨아들이는 진공청소기를 발명했다는 것입니다.

진공청소기를 뜯어 보면 송풍기가 세게 돌면서 입구로 바람을 끌어들여 먼지와 쓰레기를 빨아들이고, 빨아들인 바람은 먼지 봉투를 지나 필터를 통해 다시 뒤꽁무니로 빠져나가는 것을 알 수 있습니다.

그러니 엄밀히 말하면 진공청소기 내부가 진공 상태여서 물건들을 빨아들이는 것이 아니라, 송풍기가 센 바람을 만들어서 바람과 함께 물건들을 빨아들이는 것이지요. 하지만 좀 더 깊게 공부하면, 여기서도 '압력의 차이'에 의한 약간의 진공 개념이 존재합니다.

'베르누이의 정리'에 따르면 흐르는 유체(기체와 액체)는 속도가 빨라질수록 압력이 낮아진다고 합니다. 따라서 청소기 내부에 송풍기가 돌면서 공기 흐름의 속도가 빨라지면, 외부 공기(760토르)보다 압력이 낮아지기 때문에(약 600토르) 주위보다 압력이 낮은 아주 약한 진공 상태가 되었다고 말할 수 있는 것이죠. 물을 끌어 올리는 펌프나 공기를 순환시키는 펌프 모두 이런 원리로 작동됩니다.

✪ 꽉 채워서 빨아들이는 블랙홀

앞에서 살펴보았듯이 진공청소기나 펌프는 사실 속을 텅 비워서 빨아들이는 것이 아니라 흐름을 빠르게 해서 빨아들이는 것입니다.

진공 상태는 속이 비어 있기 때문에 바깥 물체를 끌어들이지만, 그 반대

의 것도 있습니다. 바로 블랙홀이지요. 블랙홀은 오히려 꽉꽉 차 있어 빨아들이는 것입니다.

블랙홀은 중심의 밀도가 아주 높은 천체로, 중력이 무척 강력해 주변의 물체를 끌어들이는 힘이 매우 강합니다. 빛조차도 자신의 중력 안으로 끌어들이지요.

이제 진공에 대해 조금 알 것 같나요? 적절한 비유가 될지 모르겠지만 우물물을 자주 써야 다시 고이는 것처럼 뭐든 비워야 채울 수 있는 것이 아닐까 싶네요. 여러분은 어떻게 생각하세요?

전통 과학 기술의 꽃 도자기

임진왜란을 '도자기 전쟁'이라고도 합니다. 임진왜란 때 일본이 우리나라의 우수한 도공들을 마구잡이로 끌고 갔기 때문이지요. 이때부터 일본 도자기가 세계적으로 유명해지게 되었습니다.
그만큼 우리나라는 예로부터 도자기에 관한 한 자긍심과 기술력이 대단한 나라입니다.

이것도 도자기, 저것도 도자기

흙을 불에 구워 여러 가지 도구로 만들어 쓴 것은 인류의 역사만큼이나 오래된 일입니다. 그만큼 도자기는 사람들에게 친숙한 물건이지요. 그럼 우리 주위에 도자기가 얼마나 많은지 한번 둘러볼까요?

우선 아침저녁으로 밥과 국을 담는 그릇들이 대부분 도자기입니다. 보글보글 된장찌개를 끓이는 뚝배기도, 베란다에 놓인 화분도, 욕실의 변기와 세면대도, 욕실 바닥과 벽면의 타일도 모두 도자기 제품이지요.

뿐만 아니라 쇠를 깎는 데 쓰는 공구도 도자기, 우주 왕복선 외부에 붙이는 단열재도 도자기로 만듭니다. 대기권을 통과할 때 생기는 뜨거운 열을 잘 차단해 주기 때문이지요. 우주 왕복선 컬럼비아호의 폭발 원인도 단열 특수 세라믹 타일, 즉 도자기가 떨어져 나간 구멍으로 엄청난 열이 들어왔기 때문입니다.

그런데 앞에서 나열한 것들이 모두 도자기라고 하기에는 별로 공통점이 없어 보인다고요? 그렇다면 과연 도자기란 무엇을 말하는 걸까요?

⊙ 인공적으로 만든 바위

도자기는 한마디로 흙을 구워서 만든 제품입니다. 인류는 불을 발견한 뒤, 그냥 흙을 빚어 말려 쓰던 그릇을 불에 구우면 더 단단해지고 물을 담을 수도 있다는 사실을 알게 되었습니다. 이렇게 도자기가 태어났지요.

원시적인 방법으로 노천에서 약 800도 정도의 낮은 온도에서 구워 낸 것이 토기이고, 이후 더 높은 온도로 가마 속에서 구워 낸 것이 바로 단단한 도자기입니다.

도자기가 만들어지는 과정을 살펴보면, 지구상의 흙이 순환하는 과정을 알 수 있습니다. 전통적인 도자기는 카올린이라는 광물을 주성분으로 하는 점토를 반죽하여 모양을 만들고, 1,100~1,300도의 고온에서 구워 낸 것입니다. 고온에서 구워지는 동안 흙 속의 수분이 날아가서 딱딱해지고, 흙 입자들 사이사이에 있는 유리의 주성분인 규산질이 녹아서 서로 단단하게 달라붙게 됩니다.

이것은 바위가 부서져서 만들어진 흙이 다시 뭉쳐서 바위가 되는 것과 같은 현상입니다. 점토의 모태인 바위는 지구 내부에서 뜨겁게 녹아 흐르는 마그마가 굳어져 만들어진 것인데, 이 바위가 오랜 세월에 걸쳐 부서지고 물에 쓸려 서로 흩어지면 흙이 됩니다.

이 흩어진 흙들이 축축한 물기 때문에 한데 뭉쳐져 불 속에서 구워지면 다시 바윗덩어리가 됩니다. 그래서 도자기를 인공적으로 만든 바위라고도 하지요.

젖은 점토로 모양을 빚어서 바짝 말리면 어느 정도 딱딱해지는데, 그 상태는 바위 중에서도 물과 바람에 의해 깎이고 쌓인 흙들이 눌려서 만들어진 퇴적암과 비슷하다고 말할 수 있습니다. 그리고 말린 것을 구우면 고온에서 녹았다가 딱딱해진 화성암이라고 할 수 있지요.

● 첨단 도자기의 개발

도자기의 가장 큰 특징은 구부러지지 않고 딱딱하다는 것입니다. 깨지는 단점이 있지만 속이 치밀하고, 전기가 통하지 않고, 열을 차단하는 성질(단열성)이 좋습니다. 이런 성질 때문에 첨단 소재로 많이 개발되고 있습니다.

새로운 첨단 도자기(뉴 세라믹)는 자연의 바위에서 만들어진 점토를 사용하는 것이 아니라 알루미나와 같은 인공 원료를 1,600도 정도의 고온에서 구워 낸 것입니다. 이렇게 만들어진 뉴 세라믹은 강철을 자르는 공구, 인공 보석, 우주 왕복선의 단열 타일 등 특수한 용도로 사용됩니다.

바위는 부서지면 다시 흙이 됩니다. 그럼 도자기도 깨지면 다시 흙이 될까요? 사실 그것이 큰 문제인데, 도자기가 다시 흙이 되려면 무척이나 오랜 시간이 걸립니다.

하지만 그냥 방치할 수도 없는 문제이지요. 따라서 깨진 도자기 조각들을 모아서 건축 자재나 다른 구조물을 만드는 데 재활용해야 하는데, 아직까지는 도자기를 재활용 물품으로 수거하지 않고 있어서 문제입니다. 도자기 폐기물을 재활용하는 기술을 어린이 여러분들이 나중에 꼭 연구해 보세요.

아무튼 옛날 우리 선조 도공들은 아름다운 유약(광택이 나게 하기 위해 도자기에 덧바르는 약)을 찾아내기 위해서 식물을 태운 재를 이용하는 등 여러 가지 실험을 했습니다. 그리고 가마 속 온도를 가늠하기 위해 불꽃의 색깔을 이용하기도 했지요.

이렇게 도자기를 만드는 과정은 물리적, 화학적 원리가 모두 동원되는 과학 그 자체랍니다.

떫은맛의 비밀 감

아삭아삭한 단감, 말랑말랑한 연시·홍시, 쫄깃쫄깃한 곶감 등
단맛이 강한 감은 사람들이 좋아하는 과일입니다.
그런데 여러분 중에 감나무에 탐스럽게 열린 감을 따서 한입 베어 먹었다가
너무 떫어서 입안이 온통 텁텁했던 경험을 한 친구가 있나요?
도대체 이런 떫은맛은 왜 생기는 걸까요?

맛있고 몸에 좋은 감

　감은 당분이 많아서 달고 맛있습니다. 또한 비타민 C와 비타민 A가 풍부해 특히 겨울철에 면역력을 키워 주는 좋은 간식거리입니다. 과실뿐만 아니라 잎에도 비타민 C가 많아서 차로 마시기도 하지요.

　그런데 감을 많이 먹으면 변비가 생길 우려가 있다고 합니다. 감 속에 많이 함유된 디오스프린이라는 타닌 성분이 지방질과 작용하여 변을 굳게 만들기 때문이지요.

　주로 덜 익은 과일이나 잎 속에 많이 함유되어 있는 타닌은 동물의 점막

과 피부에 작용하여 수렴성(수축시키는 성질)을 나타내고, 금속과 반응해서는 검은 얼룩을 나타내는 성질을 가지고 있습니다. 그런데 타닌의 수렴성은 변을 굳게 하는 반면, 위궤양을 앓고 있는 사람에게는 오히려 좋은 작용을 하기도 합니다.

📖 떫은맛이 촉각이라고?

여러분도 떫은맛은 잘 알고 있지요? 과히 기분 좋은 느낌은 아니지요.

혀의 각 부분은 특히 잘 느끼는 맛이 각각 다릅니다. 사람의 혀가 느끼는 맛은 단맛, 신맛, 쓴맛, 짠맛 4가지입니다. 짠맛은 혀 가운데, 단맛은 혀끝, 신맛은 혀 가장자리, 쓴맛은 혀 안쪽 끝에서 잘 느낍니다.

사실 맛을 나타내는 여러 가지 말들은 이 4가지 맛의 변형일 뿐입니다. 예를 들어 달짝지근한 맛, 시금털털한 맛은 단맛과 신맛의 일종이지요. 그럼 떫은맛은 뭘까요?

떫은맛은 미각이 아니라 촉각의 일종입니다. 혀의 표면이 수축되면서 무엇엔가 덮이는 듯한 무거운 느낌이 바로 떫은맛이지요. 영어로는 떫은맛을 보다 직접적으로 '수축시키는 맛(Astringent taste)'이라고 합니다. 즉 감이 떫은 이유는 감의 성분 중 디오스프린이라는 타닌 성분이 우리 혀 표면을 수축시키기 때문입니다.

감나무의 종류에는 떫은 감나무와 단 감나무가 있는데, 원래 우리나라

재래종은 대부분 떫은 감나무였다고 합니다. 요즘 먹는 대부분의 단감은 일본에서 수입한 단 감나무 종류입니다.

📖 떫은맛이 단맛으로~

그럼 우리 옛 조상들은 늘 떫은 감만 먹었을까요? 당연히 아니지요. 떫은 감을 달콤한 곶감으로 만들어 먹은 것만 봐도 그 지혜로움을 알 수 있습니다.

감의 떫은맛을 없애는 것을 한자로 '탈삽(脫澁)'이라고 합니다. 전통적인 탈삽의 방법에는 감을 소금물에 담가 두는 '침시'와 껍질을 벗겨서 말리는 '건시', 즉 곶감을 만드는 방법이 있습니다. 그 밖에도 끓는 물에 담그는 방법, 드라이아이스나 이산화 탄소를 이용하는 방법, 알코올을 이용하는

방법 등 여러 가지가 있습니다.

여기서 주목할 것은 탈삽 과정을 통해서 타닌이 당분으로 바뀌어 떫은맛이 단맛으로 변하는 것이 아니라, 화학 반응에 의해서 수용성(물에 녹는) 타닌이 불용성(물에 녹지 않는) 타닌으로 바뀌어서 떫은맛이 사라진다는 점입니다.

또 곶감을 만드는 과정에서 표면에 생기는 하얀 가루는 포도당이 말라붙은 것인데, 이렇게 곶감이 되면 당분이 무려 45퍼센트나 된다고 합니다. 이처럼 원래 감은 포도당과 과당 등 당분이 풍부한 우리 몸에 좋은 과일입니다.

# 흔해서 더욱 귀한 금

> 월드컵에서 가장 골을 많이 넣은 선수에게 주는 상은 '골든 슈', 최우수 선수에게 주는 상은 '골든 볼'이라고 합니다.
> 이처럼 **자랑스럽고 고귀한 것**을 나타낼 때는 으레 **'금'을 넣어 표현**하는 경우가 많습니다. 요즘에는 금을 술이나 음식에 넣어 먹기까지 하지요.
> 도대체 금이 뭐길래 그러는 걸까요?

오랜 옛날부터 사랑받던 금

금은 옛날부터 동서양을 막론하고 참으로 귀한 것으로 여겨져 왕관이나 화폐로 사용되었습니다. 한마디로 부귀의 상징이었지요. 사실 금이 이렇게 귀한 대접을 받는 이유는 금 본래의 우수한 성질뿐만 아니라 인류가 구리 다음으로 가장 먼저 사용한 금속이라 친근감도 크게 작용했기 때문입니다.

이처럼 금과 구리가 비교적 오래전(청동기 시대)부터 사용될 수 있었던 이유는 녹는점이 금은 1,064도, 구리는 불순물의 정도에 따라 대개

1,005~1,080도이기 때문입니다. 철의 녹는점인 1,540도보다 낮아 쉽게 녹일 수 있었던 것이지요.

또한 금은 다른 금속과 달리 공기 중에서 쉽게 색이 변하지 않고, 거의 영구불변의 금속이라, 자연 상태에서는 왕수라는 특별한 용액을 쓰지 않는 이상 녹지 않는데, 이런 점이 사람들을 사로잡은 것입니다.

금은 비중이 철보다 2.5배나 더 무거운데도, 무르고 늘어나는 성질(전성)과 펴지는 성질(연성)은 매우 큽니다. 따라서 쉽게 다양한 모양의 장신구를 만들 수 있습니다.

금 1그램으로 가늘게 실을 뽑아 내면 무려 3,000미터의 금실을 뽑아 낼 수 있고, 두드려 펴면 약 4,900제곱센티미터까지 펼 수 있다고 합니다. 이때 두께는 겨우 0.1마이크로미터 정도이지요. 1마이크로미터가 0.001밀리미터이니 얼마나 얇게 펴지는지 알겠죠?

명절 때 곱게 차려 입는 한복에 박힌 금박 무늬를 생각해 보면 쉽게 이해가 될 거예요. 옛날에는 이 금박 장식을 붙일 때, 옷감에 풀을 칠하고 금박을 두드려 펴면서 얇게 붙였다고 합니다.

사실 황금빛을 보고 우리가 아름답다고 느끼는 것이, 금은 귀한 것이라는 인식이 머릿속에 박혀 있기 때문인지, 아니면 정말로 누런색을 객관적으로 아름답다고 느끼기 때문인지는 정확하게 말할 수 없습니다.

어찌 되었건 이처럼 금이 귀하다 보니, 금을 소유하려는 인간의 욕망은 역사까지 바꾸어 놓았습니다. 현재 우리가 알고 있는 많은 화학 지식의 기초들은 인공적으로 금을 만들어 내려는 노력, 즉 '연금술'의 길고 긴 실패의 경험에서 나온 것들입니다.

여러분이 익히 알고 있는 과학자 아이작 뉴턴도 연금술에 손을 댄 적이 있었습니다. 물론 실패했지만요. 금은 단일한 원소이기 때문에 인공적으로 합성해 낼 수가 없었던 것이지요.

뿐만 아니라 마르코 폴로의 동방 여행이나 신대륙을 발견한 콜럼버스의 항해도 사실은 동양에서 금을 구하려는 것이 첫째 목적이었습니다. 에스파냐의 잉카 제국 침략이나 금광이 있는 지역으로 사람들이 몰려든 미국의 '골드 러시(Gold Rush)' 등도 모두 금을 차지하려는 인간의 욕망에서 시작된 것이었지요.

이런 관점에서 볼 때 만약 금이 없었다면, 역사는 어쩌면 다른 방향으로 흘러갔을지도 모르겠네요.

🏷 금은 흔한 것? 흔해서 귀한 것!

사실 금이 귀한 것이라고는 하지만, 한편으로는 우리 생활 속에서 아주 친숙하게 볼 수 있는 금속입니다. 결혼 예물, 돌 반지, 장식 도구 등으로 많이 사용되고 있지요.

더구나 요즘은 금가루를 술에 타서 먹기도 하고, 화장품이나 약품의 원료로도 사용합니다. 게다가 금굴비, 금김밥까지 나와서 사회적 물의를 일으킨 적도 있지요.

또 어디서 금을 볼 수 있을까요? 아, 맞다! 충치를 때울 때도 금을 사용하지요? 또한 잘 보이지는 않지만 모든 가전제품 속에 들어 있는 반도체 회로에도 금이 들어 있습니다. 앞서 말한 대로 금은 전성과 연성이 클 뿐만 아니라 전기 전도율도 매우 높기 때문이지요. 최근에는 휴대폰이나 컴퓨터 같은 폐전자 제품의 기판을 녹여서 그 속에 들어 있는

금을 제련해 내는 재활용 기술이 각광을 받고 있다고 합니다.

 이처럼 금은 귀하기도 하지만, 우리 생활 속에서 친근함도 함께 녹아 있기 때문에 사랑받는 것입니다. 고귀하지만 친근하고 소중한 금! 또 어디서 볼 수 있는지 주위를 한번 둘러보세요.

칼을 닮은 빛 레이저 광선

공상 과학 영화나 만화를 보면 우주 전사들이 들고 다니는 강력한 무기 중 하나가 레이저 광선총입니다. 그런데 미래 이야기 같은 이 레이저 광선은 이미 수술실이나 공장에서 자르는 도구로 사용되고 있고, 통신, 광학 등 다방면에서 활용되고 있습니다. 쇳덩이도 녹여 버릴 만큼 강하고, 쓸모가 많은 레이저 광선에 대해 알아볼까요?

레이저 광선이란?

레이저(LASER)는 'Light Amplification by Stimulated Emission of Radiation'의 영문 약자입니다. 조금 어렵게 느껴지겠지만 이 영문 속에 레이저의 원리가 다 들어 있으니 미리 알아 두는 것이 좋습니다.

영문을 쉽게 요약하면 레이저는 '빛의 증폭 장치'를 말합니다. 분자 안에 있는 전자 또는 분자 자체의 격렬한 상태를 이용해 전자기파를 증폭하는 장치이지요. 역시 어렵다고요? 한마디로 사람이 인위적으로 증폭해서 강하게 만든 빛을 레이저 광선이라고 합니다.

🔴 물질들을 흥분시켜서 빛을 만들자

그럼 이제부터 사람이 어떻게 인공적으로 빛을 강하게 만들 수 있는지 알아보도록 할까요?

우선 여러분의 기분이 막 들떠 흥분되어 있는 상태에서 정상적인 상태로 되돌아갈 때 어떻게 했었는지 생각해 보세요. 시간을 두고 차츰차츰 그 흥분된 기운을 밖으로 발산하지 않았나요? 소리를 지르거나 하면서 말이에요.

사람뿐만 아니라 모든 물질의 원자들도 마찬가지예요. 원자들은 원자핵 주위를 돌고 있는 전자들의 상태에 따라 '들뜬상태'와 안정된 '바닥상태'로 나눌 수 있습니다. 그런데 전자들은 들뜬상태에서 바닥상태로 되돌아가는 과정에서 사람처럼 고래고래 소리를 지르는 대신 고유한 색깔의 빛을 냅니다. 즉 남는 에너지를 빛 형태로 내보내는 것이지요.

예를 들면 옛날에 사용했던 등잔불은 물질들이 타면서 흥분 상태로 갔다가 빛을 발하는 것이고, 에디슨이 발명한 백열 전구는 대나무를 태워서 만든 탄소 필라멘트(실처럼 가는 금속선)에 전기를 흘려서 가열된 분자들이 흥분하여 빛을 만드는 것입니다.

🔴 살수 대첩과 레이저 광선

을지문덕 장군의 살수 대첩 이야기를 들어 보았나요? 강 상류에 둑을

쌓아 물을 모아 두었다가 한꺼번에 흘려 보내서 강을 건너던 적군을 물리친 이야기 말이에요. 뜬금없이 웬 살수 대첩이냐고요?

물질들을 들뜨게 만들고 빛을 증폭시켜 보다 강력한 레이저 광선을 만드는 원리가 이와 비슷하기 때문입니다. 외부에서 빛을 쏘거나 전류를 흘려 보내면 전자들이 들뜬상태가 됩니다. 이것은 앞서 영어로 적은 레이저의 'Stimulated(자극하다)'에 해당합니다.

여러 개의 전자들을 반복하여 자극하면 일정 한계에 이른 들뜬상태가 되는데, 이 전자들이 받아들인 에너지를 일제히 똑같은 성질의 빛으로 방출하면 바닥상태로 바뀌게 됩니다. 이것은 'Emission of Radiation(복사파의 방출)'에 해당합니다.

이때 살수 대첩에서 모아 두었던 강물처럼 이 빛들은 <u>아주 강하게 증폭되어 한꺼번에 방출되는 '강한(Amplified) 빛'</u>으로, 이것이 바로 레이저 광선입니다.

🔴 순수한 빛

레이저 광선은 이처럼 한꺼번에 모아서 방출하는 강력한 빛이기도 하지만, 더 중요한 것은 한 가지 색깔, 단일한 파장, 위상이 고른 순수한 광선이라는 점입니다. 그래서 쓸모가 아주 많습니다.

태양 광선을 프리즘에 통과시키면 빛의 굴절률이 각기 달라서 적어도 일곱 가지의 빛, 즉 빨주노초파남보로 나뉘기 때문에 한 초점에 모으기 힘듭니다. 자연계에서 한 가지 파장, 한 가지 색깔, 특히 고른 위상을 가진 순수한 빛을 만나기란 매우 어려운 일이지요.

반면 단일한 파장, 고른 위상의 레이저 광선은 지구에서 아주 멀리 떨어진 달까지 가는 동안에도 지름이 3.2킬로미터 정도의 원으로밖에 퍼지지 않는다고 합니다. 이렇게 에너지를 한곳에 집중시킬 수 있어 단단한 물건을 자르거나 수술할 때 칼 대신 사용할 수 있는 것입니다.

요즘 각광받고 있는 무선 통신과 인공위성에서 유도탄을 정밀하게 유도하는 것 등도 바로 레이저 광선의 뛰어난 성질을 활용한 경우입니다. 또한 레이저 광선은 신기한 입체 영상을 만들어 내는 홀로그램, 광디스크 등을

통해 정보를 저장하고 읽어 내는 매체로도 활용되고 있습니다. 아주 세밀한 측정을 할 때도 레이저 광선을 사용하지요. 영화에서 컴퓨터 자판 없이 바닥이나 허공에 화면을 띄우고 손으로 조작하는 모습을 본 적 있지요? 이것도 사실은 보이지 않는 레이저를 쏘아서 손의 위치와 움직임을 감지해 내는 것입니다.

  이 모든 것들이 레이저가 섞이지 않은 순수한 빛으로, 퍼지지 않고 곧게 나아가는 성질이 있기 때문에 가능한 것입니다. 이제 잘 알겠지요? 고귀하고 순수한 빛, 레이저 광선의 중요성을!

 # 생명을 숨 쉬게 하는

"산소 사세요~ 산소 사! 신선한 산소 사세요!"
어느 날, 길거리에서 산소가 든 통을 판다면 여러분은 선뜻 사겠어요?
만약 누군가가 산속의 신선한 공기를 봉지에 담아 판다면, 옛날에는 그냥 웃어
넘겼겠지만 요즘은 그럴 수가 없어요. 신선한 공기를 돈으로 사고 싶을 만큼
오염된 공기에 답답함을 느낀다는 뜻이니 참으로 서글픈 일이네요.

⭐ 너무 흔해서 발견하기 어려웠다?

만약 '산소 같은 사람'이라고 불리는 사람이 있다면 산소같이 신선하거나 꼭 필요한 사람이라는 뜻에서 그렇게 불릴 거예요. 하지만 사실 산소는 지구상에 존재하는 원소 중 58퍼센트나 차지하는 흔하디흔한 것입니다. 하지만 조금만 부족해도 안 되는 꼭 필요한 것이기도 하지요.

우리 눈에 보이지는 않지만 산소는 우리가 들이마시는 공기 중에 21퍼센트나 들어 있고, 매일 마시는 물속에, 땅의 암석 속에, 심지어 우리의 핏속과 매일 먹는 음식물에까지 들어 있습니다. 결국 산소가 없으면 우리

는 존재할 수 없는 것입니다.

이렇게 흔한 산소이지만 발견하는 데는 아주 오랜 시간이 걸렸고, 사연도 많았습니다. 산소는 스웨덴의 과학자 셸레(1772년 발견)와 영국의 과학자 프리스틀리(1774년 발견)가 각각 독립적으로 발견했다고 합니다. 그런데도 많은 사람들은 프랑스의 라부아지에(1778년 확립)를 산소 발견자로 인정하고 있습니다.

이유는 앞의 두 사람은 산소를 발견하긴 했지만, 물질의 연소 현상(물질이 산소와 결합해 많은 빛과 열을 내는 현상)을 플로지스톤 원소를 이용해 설명하려고 했기 때문입니다. 당시까지는 플로지스톤이라는 정체 불명의 원소를 이용해 연소 현상을 설명하는 플로지스톤설이 유행하고 있었거든요. 하지만 라부아지에는 이 이론에서 과감히 벗어나 <u>연소는 물질과 산소의 결합</u>임을 명확히 밝혀냈습니다.

이 일화는 진정으로 어떤 것을 먼저 발견한다는 것이 무엇을 의미하는지에 대해 생각해 보는 계기가 되어, 국내외에서 과학 연극으로 상연되기도 했습니다.

✪ 고마운 산소

라부아지에가 발견한 것처럼 산소는 중요한 화학 반응 중의 하나인 연소 현상을 일으키는 원소입니다. 만약 인류 문명에서 불이 없었다면 어떻게 되었을지 상상해 보세요. 또 의식이 없는 환자에게 산소 마스크를 씌워야만 생명을 유지시킬 수 있는 것처럼 모든 생명체가 숨 쉬고 살아가는 데 있어서 꼭 필요한 것이 산소입니다.

인공 산소는 여러 가지 화합물의 합성, 쇳덩이를 녹여 붙이는 용접, 빨래나 치아의 표백제, 로켓의 추진제 등으로도 사용됩니다.

최근에는 공기 오염으로 인해 신선한 공기에 대한 갈망이 커지면서 에어컨처럼 사용하는 가정용 산소 발생기가 인기를 끌고 있습니다. 이외에도 휴대용 산소캔과 찜질방 등에 설치된 산소방 등 신선한 공기를 마실 수 있는 다양한 상품들이 출시되고 있습니다.

⭐ 나쁜 산소

이렇게 산소는 생명체에게 꼭 필요한 것이지만 간혹 유해 산소라는 말도 듣게 됩니다. 산소 중에도 나쁜 산소가 있다는 게 믿기지 않지요?

사람은 <u>산소로 영양소를 태워서 활동에 필요한 에너지를 얻습니다.</u> 이것이 바로 호흡입니다. 호흡은 생명체 내부에서 이루어지는 넓은 의미의 연소 현상이지요. 그 과정에서 과도한 운동, 과식 등으로 인해 에너지원과 산소의 균형이 깨지면 남거나 부족한 산소가 불안정한 상태로 돌아다니게 됩니다. 이것이 유해 산소입니다.

정상적인 산소가 우리 몸속에서 1백 초 이상 머무르는 데 반해 유해 산소는 1백만~10억분의 1초만 존재하다 사라지는데도, 그 짧은 시간에 적혈구를 파괴하거나 소화 효소 등의 기능을 떨어뜨려 인체에 해를 끼칩니다. 또한 세포핵의 산화를 촉진해서 암이나 노화의 원인이 되기도 합니다.

⭐ 산소를 만들어 팔자

인공적으로 산소를 만들어 내려면 어떻게 해야 할까요? 원유에서 가스,

경유, 등유 등을 분리해 내는 것처럼 액체 공기를 온도를 높이면서 분별 증류하면 산소를 따로 뽑아낼 수 있습니다. 이것은 산소와 다른 기체들의 끓는점이 다르기 때문이지요. 예를 들어 산소는 끓는점이 영하 183도지만 질소는 끓는점이 영하 196도입니다.

또 다른 방법은 물을 전기 분해해서 얻는 방법입니다. 하지만 물은 수소 2개와 산소 1개로 이루어졌기 때문에 산소보다는 오히려 수소가 더 많이 만들어집니다. 효율성이나 경제성이 떨어지지요.

그 옛날 봉이 김선달이 대동강 물을 팔았듯이, 요즘은 신선한 산소를 사서라도 마시겠다는 사람들이 있어 여러 가지 산소 발생기가 팔리고 있습니다.

가정에서 사용하는 산소 발생기는 얇은 막을 통과할 때 분자의 크기에 따라 산소, 질소 등의 입자 투과도가 다른 것을 이용하거나, 일반 공기에 압력을 가하면서 산소 발생 장치에 내장된 제올라이트가 질소만 선택적으로 흡착하는 방식을 사용하기도 합니다.

미리미리 아껴 쓰는 것이 가장 경제적이지만 숨을 아껴서 쉴 수는 없잖아요? 그동안은 고마움 모르고 들이마시던 산소를 사서 마셔야 되는 상황이 벌어지지 않도록 미리미리 공기 오염을 방지하는 것이 가장 현명한 방법이 아닐까 싶네요.

사이버 시대의 새로운 무기
전자 폭탄, 사이버 폭탄

신문이나 뉴스에서 간간이 사이버 테러라는 말을 듣게 됩니다. 누군가의 악의적인 공격으로 사회 곳곳의 네트워크가 불능 상태에 빠져 버린 것이죠. 이런 사이버 공격은 나라와 나라 사이의 전쟁에서도 사용되고 있습니다. 실제 미국과 이라크의 전쟁에서는 '전자 폭탄'이라는 신무기까지 등장했지요. 이렇듯 세상이 전자화되면서 새롭게 그 위력과 중요성이 커지고 있습니다.

● 보이지 않는 폭탄

악의적으로 다른 사람의 컴퓨터 시스템을 마비시키는 행위를 '사이버 테러'라고 합니다. 이 또한 현실 세계에서의 테러 못지않게 그 피해가 어마어마합니다.

현실 세계의 테러에는 폭탄이나 총알 같은 무서운 살상 무기가 사용되지만, 사이버 테러의 경우에는 특수 목적으로 제작된 컴퓨터 프로그램이 바로 무기입니다. 이 경우 직접 건물을 파괴하지 않더라도 전자 기기를 조작해 사람을 죽일 수도 있는 등 그 피해가 결코 적지 않아 '사이버 폭탄'이라고까지 부릅니다. 전자 메일 폭탄과 논리 폭탄이 대표적인 사이버 폭탄이지요.

❂ 편지와 생각이 폭탄?

'전자 메일 폭탄'은 짧은 시간에 엄청나게 많은 양의 전자 메일을 발송할 수 있는 프로그램입니다. 그러면 전자 메일을 받는 상대 컴퓨터는 이것들을 다 처리하지 못해 결국 작동이 멈추게 되지요.

'논리 폭탄'은 상대방 컴퓨터에 침입해 어떤 특정 조건이 되면 그 기능을 방해하는 일종의 <u>컴퓨터 바이러스</u>입니다. 여러분 중에도 악명 높은 CIH 바이러스, 웜 바이러스, 님다 바이러스 등에 감염되어 컴퓨터 속도가 느려지거나 아예 컴퓨터를 못 쓰게 된 경험을 한 친구들이 있을 거예요.

초고속 인터넷망을 갖춘 우리나라는 정보의 전파 속도는 무척 빠른데, 반면 사이버 테러에 대비한 보안 시스템은 부족해 이런 사이버 폭탄 공격에 많은 피해를 당하고 있습니다. 최근에는 유명 방송국과 주요 은행이 사이버 테러를 당했고, 심지어 청와대 홈페이지까지 해킹을 당한 적도 있습니다.

현대의 전쟁에서 인터넷 등의 전자 통신망을 파괴하는 것은 국가의 기간 산업을 파괴하는 것과 같은 매우 심각한 공격으로 간주됩니다. 그래서 세계 각국에서는 전직 해커들까지 동원하여 사이버 폭탄 공격의 방어 체

계를 구축하는 데 힘을 쏟고 있습니다.

재미있는 건 해커의 사이버 폭탄 공격에 대비해 우리 조상들이 의병을 조직해 외적을 물리친 것처럼, 뜻있는 사람들이 인터넷상에 모여 '사이버 의병'을 조직하기도 합니다.

실제로 독도 홈페이지가 일본의 해커들한테 공격당했을 때, 우리 영토 독도를 지키기 위해서 사이버 의병들이 활약하기도 했지요.

🔴 전자 기기를 마비시키는 전자 폭탄

인터넷이나 서로 연결된 컴퓨터 시스템을 대상으로 공격하는 사이버 폭탄과는 달리, 스마트 탄두에 실어 공중에서 폭발시키거나 목표물에 정확히 맞히는 전자 폭탄도 있습니다. 바로 미국이 이라크와의 전쟁에서 이 전자 폭탄을 사용했지요.

이 폭탄은 폭발할 때 번개의 100배에 달하는 초강력 전자파를 발산하여, 반경 400~500미터 이내의 전자 기기들의 기능을 완전히 마비시킵니다. 미국이 이 폭탄을 떨어뜨렸을 때 이라크 국영 TV 방송국이 완전히 마비되었지요.

첨단 전자 기기들이 어느 때보다 많이 동원되는 현대 전쟁에서 전자 폭탄은 그 위력이 점점 더 커지고 있습니다. 미국은 아무런 흔적도 남기지 않고 상대방의 전자 통신 지휘 체계를 완전히 마비시킬 수 있다고 자랑합니다. 직접적으로 사람을 죽이지는 않으니까 평화적인 무기라고까지 말하는 사람들도 있지요.

하지만 이 세상에 평화적인 무기라는 것이 있을 수 있을까요? 이 전자 폭탄으로 병원의 의료 시스템이 마비될 수도 있고, 원자력 발전소의 제어 장치들이 잘못 작동돼 발전소가 폭발할 수도 있는데 말이에요. 꼭 물리적인 파괴가 아니더라도 은행이나 관공서의 업무가 엉망이 되어 사회 전체가 혼돈에 빠진다면 그것도 평화적인 모습은 아니지요. 일상생활의 거의 모든 부분에 전자 기기가 쓰이는 오늘날, 그 파괴력은 정말 크니까요.

🡒 사이버 시대에 더욱 커지는 위험들

앞으로 세상을 크게 변화시킬 신기술 중 하나가 바로 '유비쿼터스 컴퓨팅'이라는 것입니다. 이것은 자동차, 신발, 펜 등 모든 물건들이 내장된 전

자칩으로 통신을 주고받을 수 있어 사람들의 생활이 유기적으로 연결되는 것입니다. 한마디로 모든 사물들이 언제 어디서나 연결되는 실시간 커뮤니케이션 기술이지요.

이 기술이 실현돼 세상의 거의 모든 사물이 전자화되어 서로 연결되면, 사이버 폭탄이나 전자 폭탄의 위력은 더욱 엄청나게 될 것입니다. 고층 건물의 엘리베이터가 멈추고, 병원 환자들의 생명 유지 장치가 멈추고, 자동 항법 장치로 움직이는 비행기나 자동차가 멋대로 움직인다면 정말 무섭겠지요.

기술이 발달할수록 그 위험성이 커지는 건 어쩔 수 없는 일인지도 모릅니다. 자꾸 발달하는 전쟁 무기를 막을 수 있는 방법이 완벽하게 개발된다고 해도 서로 평화롭게 살려는 마음보다 안전할 수는 없을 것입니다. 진정한 평화적인 무기는 서로를 이해하려는 넓은 아량과 사랑이 아닐까요?

둥근 원 속에 숨은 과학

어른들은 자동차나 오토바이에, 어린이들은 자전거, 스케이트보드, 인라인 스케이트 등에 열광합니다. 힘들여 걷는 것보다 **힘이 덜 들고 빠른 속도감**도 즐길 수 있기 때문이지요.
이것을 가능하게 하는 것이 바로 바퀴입니다. 우리 생활을 편리하게 만들어 주는 바퀴에는 어떤 원리가 숨어 있을까요?

📖 잘 굴러가는 바퀴

바퀴는 인류가 발명한 발명품 가운데 가장 훌륭한 것 중의 하나로 손꼽힙니다. 회전축을 중심으로 부챗살의 바퀴살과 원형의 바퀴테가 있는 아주 단순한 모양이지만, 이것이 우리 생활을 편리하게 바꾼 점은 헤아릴 수 없을 정도로 많습니다.

주위를 한번 둘러보세요. 사람들과 물건을 편리하게 실어 나르는 자동차와 기차도 바퀴로 달리고, 물건을 만들어 내는 공장의 기계들도 회전하는 모터에 달린 톱니바퀴로 동력을 전달하지요.

이처럼 무거운 물건도 쉽게 나를 수 있는 바퀴의 위대함은 바로 '구를 수 있다'는 아주 간단한 원리에서 나온 것입니다. 그런데 굴러가는 것이 왜 그렇게 중요할까요?

바퀴의 시작

어떤 물건을 움직일 때 그 움직임과 반대 방향으로 작용하여 그 움직임을 방해하는 힘을 '마찰력'이라고 합니다. 마찰력에는 바닥에 놓인 어떤 물체를 끌고 갈 경우에 나타나는 '미끄럼 마찰력'과 물체가 굴러가는 경우에 나타나는 '굴림 마찰력'이 있습니다. 그런데 굴림 마찰력이 미끄럼 마찰력보다 훨씬 작기 때문에 물건을 옮길 때 굴림대를 이용하면 훨씬 효과적입니다.

바퀴 발명의 역사를 거슬러 올라가면 <u>고대인들이 사용했던 굴림대와 썰매가 그 원형</u>이라고 이야기합니다. 고대인들은 아주 무거운 물건을 옮길 때 큰 통나무를 아래에 깔아서 굴러가게 했습니다. 이것이 더 발전하여 기원전 3500년경 메소포타미아에서는 통나무를 자른 원판 바퀴를 사용했습니다.

이렇게 시작된 바퀴가 바퀴살을 비롯해 다양한 형태로 발달하면서 인류의 문명은 아주 편리해질 수 있었습니다. 증기 기관차에서부터 고속 전철에 이르기까지 철로 위를 달리는 열차의 바퀴가 20세기 인류 문명의 발전을 이끈 견인차 역할을 했음은 아무도 부인하지 않을 것입니다.

또한 옛날에 바퀴 달린 수레는 전차로 사용되어 무력의 상징으로 여겨지기도 했습니다. 한자로 '군(軍)'은 수레(車) 위에 깃발을 꽂고 있는 모습을 그림으로 나타낸 글자입니다. 로마같이 사방으로 전차가 다닐 수 있도록 길을 닦은 포장 도로는 융성한 거대 도시의 상징이기도 했습니다.

뿐만 아니라 수레는 권력의 상징이기도 했습니다. 우리나라의 고구려 고분 벽화를 보면 귀족들이 수레를 타고 나들이하는 풍경을 볼 수 있습니다. 옛날에는 계급에 따라 탈 수 있는 수레의 종류와 끄는 말의 숫자를 제한했습니다. 지금도 고급 승용차가 부의 상징이 되고 있는 것처럼 말이죠.

가끔은 미끄러지는 게 더 좋아

고대의 발달된 문명일수록 이처럼 편리한 바퀴를 사용했을 것 같지만 꼭 그런 것만은 아닙니다.

기원전 1300년경 이집트에서는 신상을 옮기는 데 수레 대신 썰매를 사용한 모습이 벽화로 남아 있습니다. 사막의 모래 위에서는 바퀴로 굴리기보다는 미끄러지는 것이 더 효율적이기 때문이지요. 북유럽의 습지대나 눈 덮인 평원 위를 달릴 때는 바퀴 달린 수레보다 썰매를 더 많이 이용해 온 것과 같은 원리입니다.

또 초전도 전자석의 원리를 이용해 열차가 공중에 붕 떠서 달리는 자기 부상 열차도 굴러가기보다는 미끄러지는 것이 더 효율적인 경우입니다.

하지만 땅 위를 달리는 것처럼 일반적인 경우에는 미끄러지기보다는 굴러가기가 훨씬 힘이 덜 드는 효율적인 방법입니다. 겨울에 얼음 위를 신나게 미끄러지며 타던 스케이트를 여름엔 바퀴 달린 인라인스케이트나 롤러스케이트로 바꿔 타면 힘이 덜 드는 것이 좋은 예이지요.

바퀴 달린 롤러스케이트는 1700년대 초 네덜란드에서 처음 만들어졌다고 합니다. 1818년, 독일에서는 발레 공연에 롤러스케이트를 사용했습니다. 아이스 스케이팅이 계절상 불가능해지자 롤러스케이트를 대신 사용한 것이지요.

바퀴의 발달

바퀴살은 처음에 통나무를 통째로 둥글게 잘라 만들었던 바퀴에 무게를 줄이기 위해 서너 군데 구멍을 뚫은 것인데, 점점 더 많이 뚫으면서 회전축을 중심으로 방사형으로 뻗어 나가게 만든 것입니다. 또 구르는 마찰을 조금이라도 더 줄이기 위해 차축(두 개의 바퀴를 이은, 회전의 중심축이 되는 쇠막대기) 주위에 작은 구슬, 즉 베어링을 넣어 더 부드럽게 굴러가게 만들었지요.

무엇보다도 바퀴로 인해 인류의 교통 문명이 혁신적으로 발달하게 된 데는 타이어의 역할이 컸습니다. 1865년, R. W. 톰슨이 고무로 속이 꽉 찬 솔리드 타이어를 처음 만들었고, 이보다 더 발전된 공기 타이어는 1889년, 벨파스트의 수의사였던 J. B. 던롭이 열 살 난 아들을 위해 삼륜자동차를 개량하다가 만들어 냈습니다. 딱딱한 고형 고무 대신 고무 튜브에 공기를 집어넣어 만들었지요.

이 자상한 아버지 때문에 지금의 자동차가 고속 도로를 빠른 속도로 씽씽 달려도 많이 덜컹거리지 않아 여러분의 엉덩이가 안전한 것입니다. 이제 둥글둥글 굴러가는 바퀴의 중요함을 알겠지요?

우리 몸속에도 시계가? 생체 시계

혹시 여러분은 이런 생각을 해 본 적이 있나요?
밤이 되면 잠을 자고, 아침이 되면 잠에서 깨어나는 우리 몸속에 어떤 시계 같은 것이 있지 않을까 하는 생각 말이에요.
그런데 실제로 모든 생명체에는 자기의 생체 리듬을 조절하는 '생체 시계'가 있다고 합니다.

생체 시계가 배꼽 시계?

모든 생명체의 세포핵 속에 있으면서 생명 현상의 주기성을 만들어 내는 것을 '생체 시계'라고 합니다. 꼬르륵 배고플 때 나는 '배꼽시계'와는 다른 것이지요.

과학자들은 이 생체 시계에 대해서 아주 오래전부터 연구해 왔습니다. 점차 생명 공학이 발달하면서 세포핵 속에서 일어나는 이 생체 시계의 작동 원리를 속속 밝혀내고 있지요. 이런 연구 분야를 '시간 생물학'이라고 합니다.

궁극적으로 이 연구의 목표는 생체 리듬을 마음대로 조절하는 것입니다. 그렇게 되면 전쟁터에서는 군인들의 수면 주기를 마음대로 조절해 잠

들지 않는 무적 군대를 만들 수도 있습니다. 이것은 비인간적인 일이지만 불면증 치료나 해외 출장에서 시차 적응이 안 돼 힘든 경우 등에는 유용하게 쓰일 수도 있지요. 그래서 미국과 호주에서 안경과 발광체를 결합해 시신경에 빛을 쪼여 수면 주기를 조절하는 제품을 출시한 적도 있습니다.

저절로 가는 시계

생체 시계는 어떻게 작동할까요? 2003년 초, 한국 과학 기술 연구원(KIST)에서 'PLC 베타 4'라는 유전자가 생체 시계의 시간 정보를 신경에 전달하여 생체 주기를 조절한다는 것을 세계 최초로 밝혀냈습니다. 2011년에는 한국 과학 기술원(KAIST)의 연구진들이 새로운 생체 시계를 발견하고 '투엔티포(24)'라는 이름을 붙였습니다.

사람을 비롯한 고등 생물의 생체 시계는 두 눈의 시신경이 뇌 세포로 가는 도중에 뇌의 중앙에서 만나는 부분 – '시신경 교차 상핵'이라고 불리는 – 에 몰려 있다고 합니다. 밤과 낮의 변화나 계절의 변화와 같은 외부 환경의 변화, 특히 <u>빛의 변화에 따라 이 생체 시계가 반응해 우리 몸의 활동을 조절하는 호르몬의 분비를 결정</u>합니다. 호르몬 중에서도 특히 생체 주기에 중요한 것은 멜라토닌이라는 수면과 관계된 호르몬입니다.

하지만 생체 시계는 외부 환경의 변화에만 맞추어진 수동적인 시계가 아닙니다. 외부 환경의 변화가 차단된 상황에서도 원래의 주기성을 계속 나타내는 독립된 시계입니다.

  과학자들은 이 시계의 작동 원리가 물시계와 비슷하다고 말합니다. 윗쪽 물 그릇에서 일정한 속도로 아래쪽 물 그릇으로 물이 흘러내려 꽉 차게 되면 다시 새로운 주기가 시작되는 것이지요.

  세포핵 속에는 생체 시계의 작동을 지시하는 유전자가 있어서 '시계 단백질'을 만들어 내도록 신호를 보냅니다. 그리고 핵 속에 시계 단백질이

뭐, 뭐야?

세포핵 속에는 생체 시계의 작동을 지시하는 유전자가 있어서 시계 단백질을 만들어 내도록 신호를 보내지.

또한 생체 시계는 외부 환경의 변화가 차단된 상황에서도 원래의 주기성을 계속 나타내는 저절로 가는 시계라고.

많아지면 생체 시계의 작동을 지시하는 유전자의 활동을 정지시켜서 한 주기를 끝내고, 시간이 흘러 시계 단백질의 농도가 적어지면 다시 새로운 주기를 시작하게끔 신호를 보냅니다.

사람의 생체 시계 주기는 24.5시간

재미있는 것은 이런 생체 시계의 주기가 거의 22~26시간 정도로, 생명체의 종류에 따라 크게 다르지 않고, 빛과 온도 같은 외부 환경의 변화에도 관계없이 일정하다는 것입니다. 특히 사람의 생체 시계 주기는 하루 24시간보다 조금 더 긴 24.2~24.5시간이지요.

그렇다면 외국 여행을 할 때 시차 적응에 애를 먹거나 밤과 낮을 바꾸어 근무하는 사람들이 잠을 많이 자고도 피곤해하는 이유는 무엇일까요?

앞에서 말한 일정한 주기의 생체 시계는 태엽을 감아 주거나 건전지를 갈아 끼워 주면 똑딱똑딱 일정하게 가는 보통 시계와 같습니다. 시계의 시간을 마음대로 조절할 수 있듯이, 생체 시계도 외부 환경의 변화에 맞게 새롭게 시간을 맞춥니다.

예를 들어 우리와 밤낮이 거꾸로인 나라로 여행을 갔다면 밤낮이 바뀔 것입니다. 따라서 생체 시계는 그곳 환경에 맞추어 새로 작동되면서 새로운 주기로 호르몬을 분비하고, 우리 몸의 기관들이 그에 맞게 움직여 주기를 바랍니다. 그런데 우리 몸은 거기에 빨리 적응하지 못하기 때문에 피곤이 쌓이는 것이지요. 긴 겨울이 지나고 봄이 왔을 때 춘곤증이 생기는 것도 이와 비슷한 경우입니다.

사람에 따라 외부 환경의 변화에 매우 빨리 적응하는 사람도 있지만 그렇지 못한 사람도 있습니다. 외부 환경의 변화에 빨리 적응하지 못하는 사람들은 재작동하기 매우 힘든 생체 시계를 가지고 있기 때문이라고 생각하면 됩니다.

참! 사람과는 달리 고릴라는 지구 반대편에 데려다 놓아도 원래 있던 곳의 밤과 낮의 주기에 맞춰 활동한다고 합니다.

질병과 노화의 시계도 늦춘다

수면과 관계된 호르몬인 멜라토닌의 분비는 스트레스와 노화 현상에도 관계가 있습니다. 따라서 과학자들은 생체 시계를 이용하여 이 멜라토닌의 분비를 조절함으로써 각종 질병과 노화를 방지할 수 있을 것으로 기대하고 있습니다. 암세포와 같은 비정상적인 세포는 생체 시계의 오작동으로 생긴다는 설도 있지요.

또 생체 주기를 이용하면 특정한 질병에 대해서 약효가 가장 좋은 시간대를 알 수 있습니다. 예를 들면 천식은 주로 밤에 심하므로 초저녁에 약을 복용하면 천식을 줄일 수 있다는 것이죠.

이런 것들이 다 시간 생물학의 연구 분야입니다.

불 방귀로 하늘을 나는 로켓

로켓 발사 기술은 국방 기술과 직결되기 때문에 기술 이전이 거의 불가능하다고 합니다. 그래서 다른 나라 사람은 절대 고용하지 않지요. 그런데 복잡해 보이는 로켓 발사 기술도 사실 따지고 보면 문방구에서 파는 단순한 불꽃놀이 폭죽과 원리가 같습니다.
과연 어떤 원리일까요?

로켓의 역사

'로켓'이라는 말은 원래 이탈리아어로 '쏘아 올리는 불꽃'을 뜻하는 '로케타'에서 유래했다고 합니다. 유럽 인들이 처음 보고 기겁을 했던 하늘을 나는 이 불꽃은 중국과 인도에서 대나무 통에 화약을 넣고, 그 폭발력을 이용해 큰 화살을 적진으로 날려 보내던 것이었습니다.

현대 로켓의 초보 단계라 할 수 있는 이 '화전(불붙은 화살)'은 이미 1040년, 중국의 《무경총요》라는 무기 관련 책에 소개되어 있습니다. 검은색 화약을 이용한 이 화전은 우리가 문방구에서 쉽게 살 수 있는 불꽃놀이 폭죽과 비슷한 것입니다.

우리나라에서는 고려 말기인 1377년(우왕 3년)에 화약 무기 연구소인 '화통도감'이 세워졌습니다. 이 연구소의 건립을 건의했던 최무선은 화약을 비롯한 갖가지 신무기를 만들었는데, 그중에는 '달리는 불'이라는 뜻의 '주화'도 있었습니다. 이것이 지금의 로켓과 같은 구조와 작동 원리를 갖춘 우리나라 최초의 로켓이었고, 그 뒤에는 '신기전'이라는 화살 무기로 개량되어 우리나라 군대의 중요한 무기가 되었습니다.

유럽으로 로켓이 전파된 것은 13세기에 몽골군이 유럽을 점령했을 때라고도 하고, 18세기에 영국이 인도를 침략했을 때 로켓의 공격에 혼쭐이 난 뒤 로켓에 대한 연구가 활발해졌다고도 합니다. 어쨌거나 동양의 매운맛에 놀라서 유럽에서 관심을 가지게 된 것이지요.

🔴 로켓의 원리

로켓이 발사될 때 뒤로 뿜어져 나오는 구름 같은 기체를 보면 대충 로켓이 나는 원리를 짐작할 수 있을 것입니다.

로켓은 노즐을 통해 뒤로 내뿜어지는 분출 기체가 밀어내는 힘으로 위로 솟아오르는 것입니다. 어떻게 가벼운 기체가 무거운 쇳덩이를 밀어 올릴 수 있냐고요?

로켓이 추진되는 원리는 몇 가지 운동 법칙으로 설명될 수 있지만, 여기서는 운동량 보존 법칙으로 이해해 보도록 하지요.

운동량 보존 법칙이란 세상의 모든 물체는 외부에서 힘이 따로 작용하지 않으면, 속도와 질량을 곱한 운동량의 크기가 변하지 않고 원래의 운동 상태를 유지한다는 것입니다. 쉽게 말해 정지해 있던 물체는 외부의 힘이 주어지지 않으면 계속 정지해 있다는 것이지요.

처음에 로켓은 가만히 멈춰 있습니다. 그러다가 갑자기 자기 몸의 일부인 연료를 태워서 가스 형태로 뒤로 내뿜어 내지요. 이것은 자기 몸의 일부를 떼어 내 뒤로 던지는 것과 같습니다. 그러니까 로켓과 추진 기체를 한 몸으로 보았을 때 총 운동량의 합이 원래 가만히 있었을 때처럼 0이 되게 하려면, 그 기체의 질량과 속도를 곱한 만큼의 운동량이 반대 방향으로 생겨야 합니다. 즉 로켓이 추진 기체와 반대 방향으로 움직여야 하는 것이지요.

> (로켓이 앞으로 나가는 속도)×(로켓의 질량)
> = (기체가 뒤로 분사되는 속도)×(기체의 질량)

기체는 가벼우므로 무거운 쇳덩이인 로켓을 움직이려면 엄청나게 빠른 속도로 뒤로 뿜어져 나와야 합니다. 그래서 엔진에서는 폭발에 가까운 연소가 일어나고, 그 폭발 기체를 노즐을 통해 세게 불어 내는 것입니다. 엄청나게 센 불 방귀라고나 할까요?

🔴 운동량 보존 법칙

위의 운동량 보존 법칙은 꼭 로켓과 추진 기체의 경우가 아니어도 성립됩니다. 페트병을 이용해 쉽게 만들 수 있는 물 로켓을 살펴볼까요? 이때는 기체 대신 물을 추진제로 사용하지요. 이때 뿜어내는 물은 기체보다 분출 속도는 느리지만 대신 무거워서 큰 추진력을 낼 수 있습니다.

또 얼음 위에서 스케이트를 타고 야구공을 세게 던진다면 어떻게 될지 한번 생각해 보세요. 이때 야구공의 속도는 시속 100킬로미터라고 가정합니다.

(사람의 질량 약 50kg)×(몸이 움직이는 속도)
= (야구공의 질량 약 150g)×(야구공의 속도 100km/h)

위의 식을 계산해 보면, 야구공을 던질 때 사람은 시속 약 0.3킬로미터의 속도로 반대 방향으로 움직이게 됩니다.

공기가 없는 우주 공간에서 우주 비행사들이 떠다닐 때도 바로 운동량 보존 법칙의 원리를 이용해서 마음대로 방향을 조절하면서 움직이는 것입니다.

한번 상상해 보세요. 만약 우리 몸이 로켓인데 입김을 세게 불어서 움직이려면 얼마나 세게 입김을 불어야 하는지 말이에요.

맛있는 김치의 비밀 발효

> 우리나라의 김치는 세계적으로 유명합니다. 미국 대통령 버락 오바마의 부인인 미셸 오바마 여사가 집에서 직접 담근 김치 사진을 트위터에 올리면서 이슈가 되기도 했지요.
> 모두 김치가 몸에 좋다는 것은 알지요? 그런데 구체적으로 어떤 점이 좋은지 알고 있나요?

✪ 고급 음식 문화, 발효

우리나라의 대표 음식이라 할 수 있는 김치, 된장, 고추장, 젓갈 등은 모두 발효 음식입니다. 발효는 미생물의 화학 반응을 이용해 풍부한 맛을 만들어 내는 것으로, 날로 먹는 생식이나 불에 익힌 음식보다 한 차원 발전된 음식입니다.

여러분이 좋아하는 요구르트, 치즈 같은 유가공 제품들도 발효 과정을 통해서 만들어진 것입니다. 뿐만 아니라 어른들이 좋아하는 맥주, 포도주, 막걸리도 발효 과정을 통해 만들어진 것이지요. 이처럼 발효 음식은 우리 생활 깊숙이 들어와 있습니다.

⭐ 썩은 것과 삭힌 것

우리 음식 중에서 유난히 냄새가 심한 홍어회가 있습니다. 홍어회를 처음 먹어 본 사람 중에는 음식 썩은 냄새가 난다고까지 말하는 사람들이 있습니다.

사실 발효 과정과 썩는 과정(부패)은 모두 미생물이 유기물을 분해하는 것이기 때문에 다를 바가 없습니다. 하지만 발효된 음식은 '썩힌 것'이 아니라 '삭힌 것'입니다. 즉 <u>사람이 먹기에 알맞게 썩은 것이 바로 발효</u>인 것입니다.

좀 더 과학적인 용어로 설명해 볼까요?

생물들이 살아가는 데 필요한 에너지를 외부로부터 얻어, 생체 내에서 물질의 화학 변화가 이루어지는 것을 신진대사라고 합니다. 그중 가장 보편적인 것이 몸속에서 산소를 이용하여 영양분을 태우는 '호흡'입니다.

그런데 미생물 중에는 산소가 없는 상황에서도 생화학적인 반응을 일으켜 에너지를 만들어 내는 경우가 있습니다. 그 과정에서 독소와 유해 가스가 발생합니다. 이때 사람들에게 해가 되고 아무 이익이 되지 않는 유기물이 남게 되면 부패이고, 사람에게 좋은 물질이 만들어지면 발효라고 할 수 있지요.

★ 미생물이 먹고 남긴 찌꺼기를 먹는다?

여러분이 좋아하는 요구르트나 치즈는 젖산균(유산균)이라는 미생물의 작용으로 우유가 분해된 것이고, 어른들이 좋아하는 술은 효모라는 미생물에 의해 과일즙이나 곡식이 알코올로 변한 것입니다. 그러니까 따지고 보면 우리는 미생물이 먹고 남긴 찌꺼기를 맛있게 먹고 있는 것입니다.

하지만 미생물이 남긴 찌꺼기라고 "우엑!" 하지 마세요. 발효를 통해 유익한 유기물이 생성되고, 그 때문에 맛도 더욱 풍성해지는 것이니까요.

그런데 인류가 아주 오래전부터 발효를 활용해 온 보다 근본적인 이유는 사람에게 유용한 유기물이 생기는 것 외에 발효에 관여하는 미생물들이 왕성하게 활동하면서 해로운 미생물들의 활동을 억제하여 음식을 오랫동안 보존할 수 있게 해 주기 때문입니다.

이처럼 여러모로 이로운 발효가 바로 우리나라의 '김치'와 일본의 '기무치'의 차이이기도 합니다. 겉절이에서 신 김치가 되어 가는 김치의 발효 과정을 살펴보면 이 사실을 잘 알 수 있지요.

김치는 젖산균이 채소에 들어 있는 당분을 젖산으로 바꾸어서 김치 특유의 맛을 만들어 내는 것인데, 이 젖산균들이 많아지면서 다른 유해한 미생물들의 번식을 막아 주기 때문에 오랫동안 보관해도 시어지기는 하지만 썩지는 않습니다.

그런데 이런 우리나라 김치에 일본의 기무치가 도전하여 국제 식품 규격위원회(CODEX) 규격 획득을 놓고 치열한 경합을 벌이기도 했습니다. 결국 2001년 7월 5일에 김치가 국제 식품 규격 제품명으로 채택되었지요. 이는 겉절이 수준의 기무치가 발효 과정을 거친 김치를 따라올 수는 없다는 과학적인 논리가 뒷받침된 것입니다.

⭐ 고마운 조상들의 지혜

인류가 이러한 발효의 장점을 이용하게 된 것은, 양젖을 오랫동안 방치

했다가 나중에 요구르트가 되어 있는 것을 우연히 발견하면서 시작되었을 것으로 추측됩니다.

특히 다른 나라에 비해 유난히 발효 음식이 발달한 우리나라의 음식 문화를 보면 복잡한 화학 반응은 몰랐더라도 그 원리는 훤히 꿰뚫고 있던 우리 조상들의 지혜를 엿볼 수 있습니다.

옛날 할머니들은 먹다 남은 술을 좀 더 발효시켜 식초로 쓰기 위해 술병

에다 솔잎으로 마개를 만들어 걸어 두었습니다. 그리고 된장, 간장을 담글 때 쓰는 메주는 꼭 볏짚으로 매달아서 말렸지요.

그런데 과학적으로 조사해 본 결과, 식초를 만드는 초산균은 특이하게도 산소가 있어야 제대로 활동을 하고, 메주를 발효시키는 바실러스라는 미생물은 볏짚에 특히 많이 묻어 있다고 합니다. 그래서 요즘처럼 비닐 끈으로 매달아서 만든 메주보다 맛도 품질도 훨씬 좋은 것이지요.

우리 조상들의 지혜가 놀랍죠? 그 덕에 우리가 맛있는 음식을 먹을 수 있는 것이니 늘 감사하는 마음을 가져야겠습니다.

이 밖에도 발효는 가축의 사료로 쓰이는 목초를 저장하는 사일로(저장탑)에서도 이용됩니다. 또 에탄올, 아세톤, 시트르산 같은 의약품과 공업 약품을 얻는 데도 이용되고, 음식 쓰레기를 분해하여 환경 오염을 줄이는 데도 활용되고 있습니다.

발효에 관계하는 보이지 않는 미생물이 우리 사람들에게는 참으로 소중한 존재라는 생각이 들지 않나요?

"미생물님, 감사합니다!"

점으로 그린 그림
디지털 이미지

빌딩 옥상에 설치된 전광판 광고에 듬성듬성 이가 빠진 화면을 본 적이 있나요? 또 '800만 화소의 디지털 카메라, 이 그림의 해상도는 640×480픽셀, 1440×720dpi'라는 말들 자주 들어 봤지요? **사진이나 컴퓨터의 이미지**들이 대부분 디지털화되면서 많이 접하게 되는 풍경과 단어들이지요. **디지털 이미지**란 어떤 것일까요?

⊙ 점으로 그린 그림

컴퓨터 모니터나 인쇄물에서 보는 디지털 이미지들을 아주 크게 확대하면, 그림의 경계선이 연속된 곡선이 아니라 작은 사각형들이 계단처럼 붙어 있는 걸 알 수 있습니다.

사람의 얼굴 사진 중에서 검은 눈동자 부분을 확대해 보세요. 처음에는 동그랗고 검은 형태로 보이지만, 확대할수록 검은 정도가 조금씩 다른 사각형들이 모여서 눈동자가 된 것임을 알 수 있습니다. 그리고 검고 동그란 눈동자와 흰 안구 사이의 경계도 사실은 톱니처럼 매우 거칠게 되어 있는 것을 볼 수 있습니다.

　이처럼 디지털 이미지들은 더 이상 쪼개지지 않는 네모 모양의 작은 점들이 모여서 만들어진 것입니다. 이때 이미지를 이루는 가장 작은 단위

인 네모 모양의 작은 점들을 '픽셀'이라고 합니다. 픽셀은 영어로 '그림의 원소'라는 뜻의 합성어입니다. 우리말로는 '화소'라고 하지요. 따라서 그림이 640×480픽셀이라는 말은 '이 그림 속에는 작은 사각형이 640×480=307,200개가 들어 있다.'는 뜻입니다.

⊙ 한 점 한 점 그려지는 디지털 이미지

미술 시간에 모자이크 그림을 그려 본 적이 있나요? 모자이크 그림은 네모가 아닌 크기가 훨씬 큰 화소(픽셀)로 그린 그림이라고 생각할 수 있습니다. 가까이에서 보면 군데군데 빈 공간도 보이고 엉성해 보이지만 멀리서 보면 매끄러운 그림으로 보이지요.

이처럼 점을 찍어서 그림을 그리는 것은 사실 오래되고 유명한 회화 기법이기도 합니다. 19세기의 유명한 인상파 화가 모네는 시시각각으로 변하는 빛의 느낌을 표현하기 위해 캔버스 위에 물감을 점점이 찍어서 표현하는 방법을 사용했습니다. 이처럼 팔레트에서 물감을 섞는 대신 캔버스에 여러 가지 색깔의 점들을 찍어 혼합의 효과를 나타내는 이 회화 기법을 '점묘법'이라고 합니다.

한 땀 한 땀 수를 놓는 십자수로도 픽셀의 개념을 쉽게 이해할 수 있습니다. 십자수는 원래 모눈종이 모양으로 얽어 놓은 그물망에 색실을 하나씩 엮어서 전체 그림을 만들어 가기 때문에, 디지털 이미지처럼 확대하지 않아도 그림의 경계선들이 계단 모양으로 이어지는 것을 볼 수 있습니다. 십자수의 경우에는 그물망 한 코에 얽어 놓은 색실 한 땀이 바로 그림의 최소 단위, 즉 픽셀이 되는 것입니다.

◯ PPI와 DPI, 빽빽해야 선명하다

그림은 픽셀이 많고 적음에 따라 선명도 또는 해상도가 결정됩니다. 보통 디지털 이미지의 품질을 이야기할 때 '640×480픽셀'처럼 전체 픽셀 수를 말하거나, '600ppi, 700ppi'처럼 PPI라는 단위를 쓰기도 합니다. PPI는 1인치 안에 들어 있는 픽셀 수를 뜻합니다. 같은 면적 안에 픽셀이 더 조밀하게 있을수록 그림은 더욱 선명하고, 크게 확대할 수도 있습니다.

PPI와 비슷한 말로 DPI가 있는데, DPI는 프린터의 성능을 나타내는 것으로, 1인치 안에 들어 있는 점의 수를 뜻합니다. 이때는 인쇄된 그림의 화소를 프린터가 찍어 낼 수 있는 최소 크기의 점으로 보고, 그 점이 조밀하게 많이 찍힐수록 더 품질 좋은 프린터라고 하는 것입니다.

이 밖에도 컴퓨터 모니터의 디지털 이미지와 같이 그림의 최소 단위, 즉 픽셀들이 모여서 그림이 그려지는 예는 우리 주위에서 많이 볼 수 있습니다. 안내 전광판이나 빌딩 옥상에 있는 대형 광고도 멀리서 볼 때는 자연스러워 보이지만 가까이서 보면 굵직굵직한 전구들이 모여 만들어진 것임을 알 수 있습니다.

뿌연 세상을 깨끗하게!
김 서림 방지

> 설을 맞아 시골에 다녀온 친구들은 한 번쯤 부모님이 먼 길을 운전하는데 자꾸 유리창에 김이 서려서 고생하는 것을 보았을 거예요. 목욕탕에서도 거울에 김이 서리면 잘 안 보여서 불편하지요. 그래서 요즘은 **김 서림 방지 유리와 거울**이 판매되고 있습니다. 왜 김이 서리고, 또 어떻게 방지하는 걸까요?

📖 김이 서리는 이유

겨울에 '호!' 하고 입김을 불어서 유리창에 김이 서리게 했거나 샤워하다가 목욕탕 거울에 생긴 김을 없애기 위해 뜨거운 물을 뿌린 경험은 한번쯤 있을 거예요. 이 경험을 잘 생각해 보면 김이 서리는 이유를 알 수 있어요.

김 서림은 공기 중의 습기가 유리 표면에 아주 작은 물방울로 응결되는 현상입니다. 따라서 김이 잘 서리는 경우는 목욕탕에서나 입김을 내뿜을 때처럼 습도가 높고 유리 표면이 차가워 수증기가 잘 응결될 수 있는 조건이 갖추어진 상황이겠지요.

추운 겨울날 만원 버스를 탔을 때, 사람들의 입에서 뿜어져 나오는 축축한 입김이 차가운 유리창이나 방금 올라탄 승객의 안경에 허옇게 김으로 서리는 상황을 생각해 보면 쉽게 이해가 될 것입니다.

그럼 이쯤에서 김 서림을 방지할 수 있는 방법도 떠올라야 하는데, 혹시 생각난 게 있나요?

📖 김을 더 잘 서리게 해서 방지한다

가장 손쉬운 방법으로는 목욕탕 거울에 뜨거운 물을 뿌리는 것처럼 일시적으로 유리를 따뜻하게 만드는 것입니다. 알루미늄 재질로 되어 있는 온수 배관을 이용해서 김 서림을 방지하는 욕실 거울이 개발되어 있기도 합니다. 자동차의 뒤 유리에 그어진 금들도 유리를 데워 주는 전열선입니다.

그럼 차 앞 유리에 뿌리는 김 서림 방지 스프레이는 뭘까요?

차 안에 서린 김을 좀 더 자세히 관찰해 보세요. 김이 유리창 전체에 뽀얗게 서린 경우는 시야에 방해가 되지만 아예 물이 되어 흘러내리면 방해가 덜 됩니다.

뿌옇게 김이 서리는 것은 공기 중의 수분 입자가 유리창에 달라붙을 때, 유리와 친화성이 좋지 않아서 <u>아주 작은 방울들로 맺히기 때문</u>입니다. 이 현상은 물의 표면 장력(물방울이 뭉쳐지는 성질)과 물질의 친수성(물과 친한 성질)을 생각하면 훨씬 이해가 쉽습니다.

그래서 뿌옇게 서린 김을 없애려면 물방울이 유리 표면에 더 착 달라붙도록, 즉 유리 표면에 동글동글 맺히는 것이 아니라 넓게 쫙 퍼지도록 유리 표면의 친수성을 좋게 만들어 주면 됩니다. 이런 작용을 계면 활성 작용이라고 합니다.

유리 표면의 친수성을 좋게 만드는 방법으로는 임시로 김 서림 방지 스프레이를 뿌려서 계면 활성 작용을 하도록 하는 방법과 친수성이 좋은 고분자 물질로 유리 표면을 코팅하는 방법이 있습니다. 김 서림 방지 스프레이가 없었던 시절에는 감자즙을 이용해서 비슷한 효과를 얻었다고 합니다. 최근에는 첨단 나노 기술을 활용한 코팅 필름들도 개발되고 있지요.

이렇게 김을 더 잘 서리게 하여 김 서림의 불편함을 없애는 것처럼 거꾸로 생각하는 것을 '역발상'이라고 합니다. 거꾸로 생각하기와 같은 엉뚱함이야말로 훌륭한 과학자가 되기 위한 첫 번째 조건이랍니다.

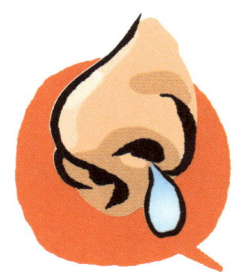
코코코, 콧물 그리고 코딱지

감기에 한 번도 안 걸려 본 친구는 없겠죠? 일교차가 크고 건조한 날씨가 계속되면 감기에 걸리는 친구들이 많아집니다. 감기에 걸리면 **콧물**이 나고, 특히 건조한 실내에서 오랜 시간 있으면 콧속이 말라서 **코딱지**가 생겨 자꾸 코를 파게 되지요.
자꾸 손이 코로 갈 때, 일단 멈추고 코에 대해서 생각해 보도록 해요.

🐟 코가 하는 일은?

코의 쓰임새 대해 생각나는 대로 한번 이야기해 보세요. 냄새 맡기, 숨 쉬기, 안경 받치기. 여기까지는 누구나 쉽게 생각할 수 있을 것입니다.

더 생각나는 게 없나요? 좀 엉뚱한 친구라면 재채기하기, 콧물 흘리기, 코딱지 만들기, 코골이, 피어싱 하기 등을 생각했을지 몰라요. 또 어떤 것들이 있는지 계속 생각해 보세요.

냄새 맡기, 숨 쉬기는 두말할 필요 없이 생존을 위해 꼭 필요한 기능이지만, 좀 엉뚱한 듯 보이는 콧물 흘리기, 코딱지 만들기도 알고 보면 매우 중요한 코의 기능이랍니다.

🥜 콧물과 코딱지의 중요한 임무

우선 콧물과 코딱지를 만드는 코의 구조에 대해 알아볼까요? 비강이라고 불리는 콧속에는 우리 눈으로도 쉽게 볼 수 있는 코털 외에도 매우 미세한 섬모 수백만 개가 얇은 점막을 보호하고 있습니다.

점막에서는 끈끈한 점액이 분비되는데, 이 점액은 <u>코가 마르지 않도록 하며 외부에서 들어오는 먼지나 세균으로부터 점막을 보호</u>해 줍니다. 또한 콧속의 섬모는 가만히 있는 것이 아니라 1분에 250번 꼴로 살살 흔들려 점액을 움직이며, 외부에서 들어온 먼지나 세균들을 점액에 달라붙게 해 밖으로 내보냅니다. 이것이 바로 콧물이고, 이 콧물이 딱딱하게 굳으면 코딱지가 되는 것입니다.

강아지의 콧잔등이 윤기 있게 촉촉이 젖어 있어야 건강하다고 하듯 우리 콧속도 항상 적당히 젖어 있어야 합니다. 백인종의 코가 대체로 크고 높으며, 흑인종의 코가 옆으로 넓게 퍼져 낮은 것도 이런 이유 때문입니다. 백인종이 주로 사는 차고 건조한 지방에서는 콧속의 습기를 유지하기 위해서 콧속이 좁고 길어야 하고, 흑인종이 주로 사는 습기가 많은 열대 지방에서는 그 반대가 되어야 건강할 수 있는 것이지요.

우리의 건강을 지키는 데 일조하고 있는 코딱지와 콧물의 중요성을 어느 정도 짐작하겠지요?

🐟 코의 본업, 냄새 맡기

좀 엉뚱한 데로 이야기가 흘렀지만 무엇보다도 코의 원래 기능은 숨을 쉬고 냄새를 맡는 것입니다. 앞서 말한 비강의 점막 중에는 호흡을 위한 부분 외에 냄새를 식별하는 후각 세포가 분포되어 있는 부분이 있습니다. 어떤 물질에서 발산되는 특정한 냄새 성분이 이 후각 세포에 와 닿으면 생화학적 반응에 의해 전기 신호가 발생하고, 이것이 뇌로 전달되어 냄새로 인식되는 것입니다.

시각이 인식하는 빛은 빨강, 파랑, 초록의 3원색이고, 미각이 인식하는 맛은 단맛, 신맛, 쓴맛, 짠맛 4가지이지만, <u>후각이 인식하는 냄새는 약 40만 가지</u>나 되어 아직 기본 냄새에 관해 정의를 내리지는 못하고 있습니다. 그래서 후각 연구가 다른 분야보다 더디고 힘들다고 합니다.

동물들에게 있어 후각은 매우 중요합니다. 생존과 직접 연결되기 때문이지요. 그런데 사람들은 직립 보행을 하게 되면서 땅에서 코가 멀어졌고, 또 도구를 사용하게 되면서 점차 후각이 퇴보했습니다. 그 예로 개의 후각이 사람보다 약 100만 배 더 예민하다고 하네요.

🍊 냄새가 없어야 냄새를 맡는다?

후각은 다른 감각들보다 쉽게 피로해져서 같은 냄새를 오래 맡고 있으면 더 이상 냄새를 구별해 내지 못하는 특성이 있습니다. 이런 사실은 미국에서 나방의 행동을 연구하면서 확인했습니다. 나방은 냄새 분자들 속에 있을 때가 아니라 그 냄새를 벗어나는 순간에 오히려 냄새를 잘 맡았다고 합니다.

우리가 냄새를 맡기 위해 킁킁대는 것도, 향수 감별사들이 향수병을 직접 코에 갖다 대는 것이 아니라 손으로 휘저으며 맡는 것도 모두 냄새를 더 잘 맡도록 하기 위해서입니다.

빛과 소리가 흩어지는 난반사

> 강가나 바닷가에서 수면에 부서지는 황홀한 햇살을 본 적이 있나요?
> 또 체육관이나 창고 같은 데 들어갔을 때 소리가 울려서 무슨 소리인지
> 알아들을 수 없었던 경험을 한 친구들도 있을 거예요.
> 이런 것들이 여기에서 이야기하고자 하는 빛과 소리의 난반사와
> 관련된 것들입니다.

흩어지는 반사, 난반사

탁구공이 탁구대에 부딪히면 떨어지는 각도의 반대 방향으로 튀어 오릅니다. 빛이나 소리 같은 파동 신호들도 어떤 물체에 부딪히면 오던 방향(입사 방향)과 반대 방향으로 튀어 나갑니다. 이것을 '반사'라고 합니다.

그런데 부딪히는 물체가 거울이나 탁구대처럼 매끈하지 않고 울퉁불퉁하면, 빛이나 소리 같은 파동은 그 반사되는 각도가 많이 달라져서 결국 사방으로 흩어져 버립니다. 이런 현상을 '난반사'라고 합니다.

특히 소리에 비해 파장이 아주 짧은 빛은 대부분 난반사되어 우리 눈에

들어옵니다. 그냥 보기에는 매끄러워 보여도 사실은 그 물체 표면이 울퉁불퉁한 경우가 많기 때문입니다.

  난반사가 된다는 것은 그만큼 선명하게 보이지 않고, 빛이 흩어지거나 확산된다는 것을 의미합니다. 그래서 난반사를 '확산 반사'라고도 합니다.

좋은 난반사와 나쁜 난반사

난반사가 별로 반갑지 않은 경우는 자동차 표면에 광택을 낼 때 같은 경우입니다. 자동차 표면이 완전히 매끄럽지 않으면 난반사가 일어나서 광택이 덜 나기 때문이지요.

반대로, 난반사를 일부러 활용하는 경우도 있습니다. 자동차의 전조등 유리는 매끈하지 않고 울룩불룩하게 줄이 그어져 있습니다. 왜 그럴까요?

전구에서 나온 빛이 퍼지지 않고 한 방향으로만 나가면 전조등의 앞부분만 밝고 어두운 부분이 많이 생기기 때문입니다. 그래서 보다 넓게 빛이 퍼지게 하기 위해 울룩불룩한 줄을 넣어서 난반사시키는 것입니다.

바닷가나 강가에 가면 난반사의 아름다운 사례들을 더 많이 볼 수 있습니다. 찰랑거리는 물 표면에 햇살이 부딪혀 난반사되면 참으로 아름답지요. 또 물에 젖지 않은 모래에 하얗게 햇살이 부서져 보이는 것도 작은 모래 알갱이들이 빛을 난반사하기 때문입니다.

그런데 물에 젖은 모래가 더 어두워 보이는 건 왜일까요? 그 이유는 모래 알갱이 사이에 물이 들어가 표면을 좀 더 매끄럽게 하여 난반사가 적게 일어나기 때문입니다.

음악 공연장 벽면을 울퉁불퉁한 구조로 만든다거나, 건축 자재 중 벽면에 붙이는 타일에 오돌도돌한 무늬를 넣는 것도 소리의 난반사 성질을 이용하려는 것입니다. 만약 건물 내부의 벽면을 매끄럽게 하면 소리가 퍼지지 않고 너무 정확하게 반사되어 무척 시끄러울 것입니다.

세상을 환하게 밝히는 전등

인공적으로 빛을 만들어 내는 전구 중에서 우리 주위에서 흔히 볼 수 있는 것들을 나열해 볼까요? 우선 백열전구와 형광등, 거리의 네온사인, 터널 속에 노랗게 켜진 나트륨등 등이 있어요. 그런데 요즘은 집집마다 둥근 백열전구보다는 길쭉한 형광등을 많이 사용하고 있어요. 최근에는 삼파장 전구로 바뀌고 있고요. 이처럼 다양한 전등 속에는 과연 어떤 원리가 숨어 있을까요?

★ 빛을 만드는 여러 가지 방법

전등은 모두 전력을 공급받아 빛을 만드는 기구라고 할 수 있어요. 하지만 우리가 흔히 보는 전등은 모두 전력을 공급받긴 하는데, 다 다른 원리로 빛을 만듭니다. 과연 어떻게 만드는 걸까요?

대장간에서 쇠를 뜨겁게 달구면 빨갛게 빛을 냅니다. 이처럼 백열전구는 가운데 있는 필라멘트라는 가는 전선을 전기로 아주 뜨겁게 달구어 빛을 만듭니다. 필라멘트를 달구어 만든 빛은 낮은 온도일수록 붉은색 빛이 나오고, 뜨거워질수록 푸르고 흰색 빛이 나게 됩니다.

대장간의 쇳덩이보다 훨씬 더 희푸른 빛을 내는 필라멘트는 온도가 섭씨 2,500~3,000도입니다. 이렇게 뜨거운 온도에서도 견딜 수 있는 필라멘트는 텅스텐이라는 강한 금속으로 만들고, 이것이 타 버리지 않도록 백열전구 속은 진공 상태로 만듭니다.

그럼 형광등은 어떻게 밝은 빛을 만들까요? 레이저 광선의 원리를 설명하면서 잠시 이야기한 적이 있는데, 기억을 더듬어 보세요. 전자들은 외부

에서 에너지를 받으면 들뜬상태가 되었다가 다시 바닥상태로 돌아오면서 빛을 낸다고 했지요?

형광등은 이런 원리로 빛을 만듭니다. 형광등 양쪽 끝 전극에 전기를 보내면 백열전구와 비슷한 원리로 전극이 가열되면서 전극에서 전자가 밖으로 튀어나옵니다. 이것을 열전자라고 하는데, 이것들이 빠른 속도로 움직이면서 긴 관 속에 채워 놓은 수은 기체들을 두드리면, 수은 기체들이 높은 에너지 상태가 되었다가 다시 원래 상태로 내려오면서 자외선이라는 빛을 만들어 냅니다.

하지만 이 자외선은 우리 눈으로는 볼 수 없기 때문에 이 형광등 유리 튜브 안쪽에 <u>자외선을 받으면 빛을 내는 형광 물질을 발라서 흰색에 가까운 빛을 얻어 내는 것</u>입니다. 이렇게 형광등은 직접 가열해서 빛을 만드는 것이 아니기 때문에 백열전구보다 뜨겁지도 않고, 그만큼 빛을 만드는 효율도 높으며, 수명도 깁니다.

거리의 화려한 네온사인들도 형광등과 같은 원리입니다. 다만 튜브 속에 넣는 기체의 종류가 달라 색깔이 다를 뿐이죠. 주로 붉은색 빛을 만드는 데는 네온이라는 가스를 쓰는데, 이 때문에 네온사인이라고 부르는 것입니다. 자주색 빛을 만드는 데는 아르곤 가스, 청록색 빛을 만드는 데는 수소 가스를 쓰지만 '아르곤 사인', '수소 사인'이라 하지 않고 그냥 통일해서 네온사인이라고 부르고 있습니다.

형광등은 전기도 덜 소비하고 수명도 길지만 햇빛과 비슷한 빛을 만드는 데는 백열전구가 더 낫습니다. 그래서 이 두 가지의 좋은 점만 취해 새로운 전등을 만들었는데, 이것이 요즘 인기를 얻고 있는 삼파장 전구입니다. 삼파장 전구는 형광등처럼 길쭉하게 생기지는 않았지만, 따져 보면 '세 가지 색깔의 작은 형광등의 모음'이라고 할 수 있습니다.

⭐ 왜 삼파장일까?

여러분은 색의 3원색은 빨강, 노랑, 파랑이고, 빛의 3원색은 빨강, 초록, 파랑인 건 알고 있지요? 또 빛의 3가지 색을 섞으면 흰빛을 만들 수 있다는 것도요.

삼파장 전구는 각각 작은 형광등이 빨강, 파랑, 초록색 빛을 냅니다. 그러니까 이 빛들이 섞이면 햇빛처럼 자연스러운 백색광을 만들 수 있다는 원리를 이용한 것이지요.

집에 삼파장 전구를 사용하고 있다면 한번 실험해 보세요. 작은 전구들을 하나씩 막았을 때 색깔이 어떻게 변하는지, 그리고 전구 가까이에서 그림자의 색깔이 어떻게 달라지는지 말이에요. 아주 재미있을 것입니다.

최첨단 과학 종이

여러분은 '종이' 하면 어떤 것이 생각나나요. 얇고 가벼운 것?
잘 찢어지고 흔한 것?
하지만 종이는 여러분의 생각보다 훨씬 더 우수한 성질을 가지고 있습니다.
게다가 과학 기술의 발달로 첨단 기능을 가진 새로운 형태의 종이들이
개발되고 있습니다.

⊙ 전산화 시대에 더 많이 쓰이는 종이

컴퓨터가 많이 보급되고 사무 전산화가 이루어지면서 많은 사람들이 종이 문서는 점점 줄어들 것이라고 예상했지만, 오히려 그 반대로 종이 소비량은 늘고 있습니다. 왜냐하면 아직까지는 종이에 인쇄한 것이 모니터로 보는 것보다 정보를 전달하는 데 효과적이고, 전자책과는 다른 종이책 특유의 질감에서 오는 매력이 있기 때문입니다.

이처럼 정보를 전달하는 매체로, 물건을 포장하는 재료로, 또는 기타 여러 가지 용도로 쓰이는 종이는 가볍고, 값싸고, 비교적 질기고, 위생적이

며, 기타 많은 장점들 때문에 현재까지 우리 생활 속에서 자신의 자리를 굳건히 지키고 있습니다.

   더구나 요즘은 컵라면 용기, 종이컵은 말할 것도 없고, 오염물 여과 장치, 이불, 병원 수술복 등에도 종이가 사용되고 있습니다. 하지만 일회용 제품을 너무 많이 사용하는 것은 그만큼 종이의 원료인 나무를 많이 베어 내는 것이기 때문에 일회용 제품 사용을 가급적 줄이자는 운동도 활발하게 일어나고 있습니다.

◎ 최첨단 종이들

   이런 고전적인 종이의 우수성에서 한 걸음 더 나아가, 요즘은 첨단 기능을 가진 새로운 종이들이 만들어지고 있습니다.

   그중에는 밝을 때 빛을 저장해 두었다가 어두울 때 스스로 빛을 내는 축광지, 복사가 안 되는 종이, 기록한 지 1시간 뒤에는 자동으로 그 내용이 없어져서 극비 문서로 사용되는 종이 등 공상 과학 영화에서나 볼 수 있었던 것들도 있지요.

   이외에도 온도에 따라 색깔이 변하는 온도 감응 종이, 과일의 신선도는 유지시켜 주고 벌레나 세균은 생기지 않도록 하는 포장지, 신용 카드 영수증처럼 앞장에 글씨를 쓰면 눌린 색 입자가 터져서 뒷장까지 글씨가 적히도록 하는 감압지 등은 이미 우리 주위에서 흔히 볼 수 있는 특수 기능 종

이들이지요.

   더욱 놀라운 것은 스스로 인쇄하고, 전자 신호를 이용해서 원격으로 지면의 인쇄 내용을 완전히 바꿀 수 있는 '전자 종이(e-paper)'가 등장했다는 것입니다. 느낌은 종이와 같은데 컴퓨터 모니터처럼 언제든지 새로운 신호를 보내면 완전히 다른 내용으로 인쇄할 수도 있고, 멀리서 무선 신호로도 내용을 바꿀 수 있습니다.

이것이 상용화되면, 전자 종이로 된 신문이 한 장만 있으면, 매일 아침 새로운 기사들을 받아서 즉석에서 인쇄해서 보고, 다음 날도 똑같은 신문에 새로운 내용을 받아서 볼 수 있을 거예요.

이것이 현실화된다면 참 신기하고 편리한 세상이 되겠지요? 그런데 엄밀히 말하면 이것은 종이라기보다는 얇은 전자 디스플레이 장치입니다. 그런데도 굳이 '종이'라고 하는 것은 그만큼 종이가 사람들에게 친숙하기 때문이지요.

서기 105년에 중국에서 발명되었다는 종이. 2천 년이 넘은 지금까지도 아직 최첨단이네요. 우리 주위에서 흔하디흔한 종이에도 첨단 과학이 들어 있다니, 놀랍지요?

윷놀이와 복권에 숨은 확률

> 소변이 급해 화장실을 가거나, 햄버거를 사기 위해 줄을 섰는데
> 어찌 된 일인지 내가 선 줄보다 다른 줄이 먼저 줄어드는 경험, 한 번쯤
> 있지 않나요?
> 이럴 때 여러분은 그냥 '**나는 운이 없어!**'라고만 생각했나요?
> 하지만 여기엔 **확률의 원리**가 담겨 있답니다.

📖 내가 선 줄은 왜 빨리 줄어들지 않을까?

어떤 사건의 원인이 될 만한 요소가 몇 개 되지 않고, 결과 또한 뻔히 예측될 경우에는 확률이 그리 중요하지 않습니다. 이미 그 사건이 어떤 이유로 생겨났고, 결과도 어찌 될지 뻔히 알기 때문이지요.

하지만 오늘날과 같이 복잡한 사회에서는 사건이 일어날 만한 원인과 그로 인해 생겨날 결과도 무척 다양해졌습니다. 이런 상황에서 어떤 결과가 나타날지를 미리 예측할 필요가 높아지면서 확률이라는 용어도 중요해졌습니다.

확률은 관련된 원인들로 인해 일어날 수 있는 모든 경우의 수(N)와 특정 사건이 일어날 경우의 수(A)의 관계를 통해 알 수 있습니다. 즉 $\frac{A}{N}$로 표시하지요.

이렇게 하면 화장실 앞에서 내가 선 줄이 가장 빨리 줄어들 확률도 계산해 볼 수 있어요.

우선 변기가 모두 10개라고 가정하면, 빨리 줄어들 수 있는 줄의 총 개수는 10이고, 내가 선 줄이 빨리 줄어들 경우의 수는 1입니다. 즉 확률은 $\frac{1}{10}$(10%)인 것이죠. 따라서 내가 서 있는 줄이 가장 빨리 줄어들지 않는 것은 운이 없어서가 아니라 그만큼 확률이 낮기 때문이므로 너무 억울해할 필요가 없는 것입니다.

윷놀이에도 확률의 원리가?

설날이나 추석 같은 명절 때 가족 친지들과 함께 즐기는 윷놀이에도 확률의 원리가 담겨 있습니다.

윷놀이는 4개의 윷가락을 높이 던져 땅에 떨어지면, 제각각 젖혀지는 수에 따라 도, 개, 걸, 윷, 모가 정해집니다. '도'는 돼지를 뜻하며 윷판에서 한 칸을, '개'는 개를 뜻하며 두 칸을, '걸'은 양을 뜻하며 세 칸을, '윷'은 소를 뜻하며 네 칸을, '모'는 말을 뜻하며 다섯 칸을 이동합니다.

친구들과 윷놀이할 때 윷이나 모가 나와 한 번에 말을 많이 이동시켰으면 좋겠는데, 생각만큼 쉽게 나오질 않습니다. 윷을 잘 못 던져서 그렇다고 생각하기 쉽지만 이것도 확률 때문에 그런 것입니다.

여러분이 윷가락 4개를 던졌을 때, 각각 젖혀지거나 바로 하여 나올 수 있는 모든 경우의 수를 만들어 보면, 총 16가지가 됩니다. 그중 도가 나올 수 있는 경우의 수는 4가지, 개는 6가지, 걸은 4가지, 윷과 모는 각각 1가지로 나옵니다.

따라서 각 확률은 도가 $\frac{4}{16}$(25%), 개가 $\frac{6}{16}$(37.5%), 걸이 $\frac{4}{16}$(25%), 윷과 모는 각각 $\frac{1}{16}$(6.25%)입니다. 이처럼 윷과 모가 잘 나오지 않는 것은 확률이 낮기 때문에 지극히 당연한 것입니다. 상대적으로 개가 나올 확률이 높다는 것도 알겠지요? 그러니 앞으로는 윷놀이할 때도 확률을 생각하면서 해 보세요. 더욱 재미있을 거예요.

복권과 확률

요즘 사회적으로 큰 관심을 끌고 있는 로또 복권은 사람들의 잘못된 확률 판단을 활용해 돈을 버는 사업입니다. 로또 복권 1등에 당첨되면 말 그대로 인생 역전이 될 수 있겠지만, 로또 복권 1등에 당첨될 확률을 따져 보면 $\frac{1}{8,145,060}$(0.00001%)로 거의 0퍼센트에 가까워 인생 역전이 그리 쉽지 않다는 것을 깨닫게 됩니다.

그런데도 사람들은 왜 그렇게 로또 복권에 흥미를 가질까요? 그건 '혹시나!' 하는 기대 심리 때문입니다. 복권을 사는 사람들 대부분은 추첨하기 전까지는 자신이 가진 복권이 당첨되거나 혹은 안 되거나 둘 중 하나라고 생각합니다. 즉 당첨 확률 $\frac{1}{2}$(50%)이나 된다고 생각하는 것이지요. 그러나 확률의 원리를 아는 사람이라면, 그 확률이 반이 아니라 얼마나 낮은지 알 수 있을 것입니다.

 꼬불꼬불 맛있는

날씨가 쌀쌀하거나 흐릴수록 따끈한 라면 국물이 생각납니다.
라면은 특히 국물 맛이 좋아 어른 아이 할 것 없이 많은 사람들로부터
사랑을 받는 식품이지요.
우리나라 한 사람이 1년 동안 **평균 80개 이상**씩 먹는다는 라면!
그런데 라면은 왜 꼬불꼬불 파마를 한 모양일까요?

라면의 탄생

　라면은 일본의 한 사업가가 어묵을 튀기는 과정에서 힌트를 얻어 발명했다고 합니다. 이 사람은 어묵에 밀가루 반죽을 입혀 기름에 튀기면 밀가루가 익으면서 어묵의 표면이 바삭바삭해지고, 겉에 아주 작은 구멍이 많이 생기는 것을 알았습니다. 이 과정을 밀가루 국수에 응용해 만든 것이 라면이지요.

　우선 밀가루 국수를 기름에 튀기면 밀가루 속의 수분이 빠져나가면서 바삭바삭하게 익고, 어묵 튀김처럼 면발 표면에 여러 개의 미세한 구멍이 생

깁니다. 튀긴 국수를 건조시킨 다음 다시 뜨거운 물을 부으면 금세 다시 본래의 상태대로 부드러워지지요. 이렇게 하여 라면이 탄생한 것입니다.

라면은 약 2분 정도면 금방 쫄깃쫄깃해지기 때문에 일반 밀가루 국수를 익히는 것보다 시간이 크게 절약됩니다. 우리나라에서도 1963년부터 생

산되기 시작해, 식량 부족과 가난으로 고생하던 서민들에게 큰 사랑을 받았지요.

그런데 라면은 왜 꼬불꼬불한 모양을 하고 있을까요? 그건 조그마한 라면 봉지에 보통 50~60미터나 되는 긴 면발을 넣으려면 꼬불꼬불한 것이 더 유리하고 덜 부스러지기 때문입니다. 또한 면발을 튀길 때 <u>꼬불꼬불할수록 보다 많은 기름을 흡수해 빨리 튀겨지고</u>, 또 쭉쭉 뻗은 것보다 더 먹음직스러워 보이기 때문에 일부러 그렇게 만든 것입니다.

라면은 끓인 뒤 바로 먹어야 쫄깃쫄깃합니다. 여러분도 라면을 끓여 놓고 우물쭈물하다가 면발이 불어 버려 맛없는 라면을 먹어 본 경험이 한 번쯤은 있을 거예요.

보통 금방 끓인 면은 면의 표면과 내부 사이에 수분 함량의 차이가 발생합니다. 즉 금방 끓인 라면의 표면은 미세한 구멍을 따라 물기가 침투해 수분량이 많아진 반면, 면의 중심부는 아직 많은 양의 수분이 침투하지 못한 상태이지요. 밀가루 반죽에 물이 많으면 반죽이 부드럽고, 물기가 적으면 뻣뻣한 것처럼, 금방 끓인 면 외부의 부드러운 느낌과 중심부의 딱딱한 느낌이 합쳐져 먹을 때 쫄깃쫄깃하다는 느낌을 받는 것입니다.

그러나 시간이 많이 지나면 면의 중심부까지 수분이 완전히 침투하게 되므로 겉과 속이 모두 부드러워져 라면이 붇게 되는 것입니다.

한편 컵라면은 면발이 봉지 라면에 비해 더 가늘기 때문에, 뜨거운 물만 부으면 금방 익습니다. 또한 면발을 반죽할 때도 밀가루보다 조금 더 빨리 익는 전분의 양을 늘려 만들기 때문에 더욱 빨리 먹을 수 있습니다.

🍥 라면을 먹고 자면 왜 얼굴이 부을까?

밤에 출출할 때 라면을 끓여 먹는 경우가 많습니다. 그런데 밤늦게 라면

을 먹고 자면 보통은 다음 날 아침에 얼굴이 팅팅 붓습니다. 혹시 라면에 들어 있는 특정 성분의 부작용으로 그런 것은 아닐까 걱정했나요? 하지만 걱정 마세요. 그런 건 아니니까요.

우리는 보통 맵고 짠 자극적인 음식을 먹으면 물을 많이 마십니다. 바로 이 물이 얼굴을 붓게 하는 주범입니다. 밤에 라면을 먹으면 국물 맛을 내는 수프의 맵고 짠맛으로 인해, 평소보다 많은 양의 물을 마시게 됩니다. 낮에 물을 많이 마시면 활동을 통해 땀이나 소변으로 배출되지만, 밤에 물을 먹고 그냥 자면 이 수분들이 아침까지 몸 밖으로 충분히 배출되지 못해 얼굴이 붓게 되는 것입니다.

거의 모든 라면 수프에는 MSG라는 조미료와 구수한 맛을 내는 IMP, GMP 등의 화학 조미료가 다량 들어 있습니다. 여기에 소금·간장·후추·마늘·생강 분말 등 맛있지만 자극적인 재료들이 많이 들어갑니다. 이러한 성분은 라면 국물을 얼큰하게 만들어 주는 대신, 계속해서 물을 마시게 하는 원인이 되기도 합니다.

사람들은 간편하게 먹을 수 있는 인스턴트 식품이 개발되면서 생활이 많이 편해졌다고 말합니다. 하지만 엄마가 해 주는 따뜻한 밥과 된장찌개가 더욱 몸에 좋다는 사실은 절대 잊지 않도록 하세요.

최첨단 나침반
위성 위치 확인 시스템

옛날에는 버스가 언제 올지 몰라 답답했지만, 요즘에는 내가 타야 할 버스가 언제쯤 정류장에 도착할지 미리 알려 주는 버스 정류장들이 점차 늘고 있습니다. 이외에도 최첨단 나침반인 위성 위치 확인 시스템이 이미 생활 곳곳에서 활용되고 있습니다.
위성 위치 확인 시스템이란 무엇일까요?

위성 위치 확인 시스템, GPS

1950년대 미국 해군은 군사적인 목적을 위해서 이동하는 물체의 위치를 실시간으로 알 수 있는 방법을 심도 있게 연구했습니다. 그러다가 1960년대와 1970년대를 거치는 동안 인공위성을 활용해 특정 물체의 현재 위치, 이동 속도 등을 측정하는 방법을 개발했는데, 그것이 바로 위성 위치 확인 시스템입니다. 영어 약자로 GPS(Global Positioning System)라고 하지요.

현재 지구의 2만 2백 킬로미터 상공에는 6개의 궤도에 각각 4개씩, 모

두 24개의 인공위성이 하루에 두 바퀴씩 지구를 회전하고 있습니다. 비상용으로 발사된 6개의 위성까지 포함해 총 30개의 위성이 지구로 여러 가지 위치 정보 신호를 보내 오고 있지요.

따라서 세계 어느 곳에서나 GPS 수신기만 있으면, 적어도 4개 이상의 위성에서 보내오는 신호를 통해 자신의 위치와 이동 방향, 속도를 실시간으로 알 수 있습니다. 게다가 GPS 위성에서 받은 시간 정보는 거의 오차가 없습니다. 위성에는 16만 년에 1초 정도의 오차밖에 생기지 않는 정밀한 원자 시계가 실려 있기 때문이지요.

😊 GPS는 어디에 어떻게 쓰일까?

그렇다면 특정 물체의 위치를 알려 주는 GPS는 어떻게 활용되고 있을까요? 우선 원래 개발 목적인 군사적 용도로는 <u>미사일의 명중률을 높이는 데 크게 기여</u>하고 있습니다. 2001년 아프가니스탄과의 전쟁에서 미국이 사용한 미사일의 적중률은 95퍼센트가 넘었다고 합니다. 바로 GPS 때문입니다.

옛날에는 파괴할 목표물이 정해지면, 직접 그곳까지 폭탄을 싣고 가거나 목표물이 보이는 곳에서 미사일을 발사해야 했습니다. 그러나 이제는 미사일 내부에 목표물의 위치 정보와 목표물까지의 이동 경로를 저장한 GPS 수신기를 장착해, 미사일이 날아가면서 초당 수십 번씩 위성 자료를 받아 자신의 위치를 확인하며, 정확하게 목표물에 다가가 명중시킬 수 있게 된 것입니다.

GPS의 사용은 군사적 목적 외에 일상생활 곳곳에서도 점점 늘어나고 있습니다. GPS를 활용해 내가 기다리는 버스가 어디쯤 왔는지 알 수 있고, 인터넷을 통해 서울 시내 버스의 운행 상황을 한눈에 볼 수도 있습니다. GPS 정보를 자동차에 응용한 내비게이션으로 자신의 위치와 목적지의 위치, 목적지까지의 최단 거리 등을 안내받을 수 있습니다.

또한 어린아이들에게 목걸이형 GPS 수신기를 달아 주면, 아이가 지금 어디에 있는지 금방 알 수 있게 됩니다. 이 같은 서비스가 잘 활용되면 미아 발생률도 그만큼 줄어들겠지요?

이외에도 GPS는 여러 분야에서 우리 생활을 보다 윤택하게 할 것입니다. 하지만 현재 사용하는 GPS 위성은 모두 미국의 것입니다. 지금은 GPS 위성 정보를 누구나 무료로 이용할 수 있지만, 앞으로 미국이 이것을 유료화시키면 우리나라는 막대한 사용료를 지불해야 합니다.

게다가 미국이 자국의 이익을 위해 사용을 제한한다면, 하루아침에 갑자기 GPS 서비스를 못 받을 수도 있습니다. 그래서 미국이 주도하는 GPS에 대항해 유럽의 'Galileo', 중국의 'Beidou', 인도의 'IRNSS' 등의 위성항법 시스템이 구축되었거나 구축 중에 있습니다. 우리나라도 하루빨리 대책을 마련해야 하지 않을까 싶네요.

불가마 같은 밤 열대야

해마다 장마가 끝나고 본격적인 여름철이 되면 잠 못 드는 사람들이 하나둘씩 생깁니다. 그러면 시원한 강가로 나가 잠을 청하는 사람들이 늘어나지요. 또 집집마다 에어컨과 선풍기도 쉴 새 없이 돌아갑니다. 모두 열대야 때문입니다.
대체 왜 매년 여름만 되면 열대야가 찾아오는 걸까요?

열대야란?

열대야란 말 그대로 '열대 지방과 같이 더운 밤'이라는 뜻입니다. 보통 열대야로 정의하기 위해서는 하루 중 기온이 가장 낮은 새벽 시간에도 기온이 25도 아래로 내려가지 않아야 합니다.

이런 열대야는 여러 가지 원인이 복합적으로 작용해 생깁니다. 더운 여름날, 낮에 햇볕으로 뜨겁게 달구어진 지표면은 밤이 되면 그 열기를 공기 중으로 내뿜으며 점점 식어 갑니다. 하지만 집중 호우나 장마로 인해 대기 중의 습도가 높은 날에는 지표면이 내뿜는 열기가 하늘 높이 발산되지 못하고, 대기 중의 수증기에 흡수되어 버립니다. 결국 대기 중의 온도는 계속 높은 상태로 남게 되는 것이지요.

이처럼 열대야는 <u>온도보다는 습도로 인해 발생할 가능성이 높습니다.</u> 그래서 우리보다 낮 기온은 훨씬 높은데 습도가 거의 없는 사막 지대(낮 기온이 40도 이상 되는 지역)에서는 오히려 밤 기온이 영하까지 뚝 떨어집니다.

또 하나 특이한 사실은, 여름 방학 때 시골에 놀러 가면 도시에서 지내는 것보다 훨씬 여름을 시원하게 보낼 수 있다는 것입니다. 도시는 인구나 건물의 밀도가 높고, 에어컨, 자동차 등이 내뿜는 열기도 많아 더욱 덥습니다. 게다가 나무도 적고, 도로는 대부분이 흙길이 아닌 아스팔트로 되어 있기 때문에 여기서 내뿜는 열기가 더욱 온도를 상승시키지요.

또한 도시 상층을 덮고 있는 먼지층은 햇빛은 통과시키지만 지표면에서 반사된 열은 가로막아 밖으로 나가지 못하게 합니다. 즉 온실 같은 역할을 해 도시를 찜질방으로 만들어 버립니다. 이러한 원인들이 복합적으로 작용해, 도시에 사는 사람들은 열대야의 횡포에 잠을 편히 이루지 못하는 것입니다.

⭐ 여름철에도 얼어 죽을 수 있다?

보통 사람이 잠을 자기 좋은 온도는 18~20도로, 우리나라의 봄이나 가을 날씨에 해당합니다. 여름에는 이보다 기온이 훨씬 높기 때문에 잠을 자

기가 어려운 것이죠.

　우리 체내에는 체온을 조절하는 중추 신경이 있는데, 외부 온도가 너무 높아지면 이 중추 신경이 흥분해 일종의 각성 상태를 이루게 됩니다. 이때는 아무리 발버둥을 쳐도 쉽게 잠을 이루지 못하게 되지요. 그래서 에어컨이나 선풍기를 틀게 되는 것입니다.

하지만 에어컨과 선풍기를 켤 때는 주의를 해야 해요. 보통 에어컨이나 선풍기를 1시간 이상 계속 틀어 놓으면 방 안의 습도가 20~30퍼센트 낮아집니다. 그러면 코나 입이 말라, 호흡기 질환이나 감기에 걸리기 쉽습니다. 그래서 여름철에 이비인후과를 찾는 사람들이 많은 것입니다.

더욱 위험한 것은 에어컨이나 선풍기 바람으로 인해 얼어 죽을 수도 있다는 사실입니다. 많은 사람들이 선풍기를 틀고 자다가 죽는 것을 질식사로 알고 있지만, 실제로는 선풍기나 에어컨 바람을 계속해서 직접 쐬면 신체 온도가 정상 체온 이하로 떨어져 저체온증으로 죽게 되는 것입니다.

보통은 체온이 떨어지기 전에 몸을 스스로 움츠리거나 자세를 바꿔 체온이 계속 떨어지는 걸 막지만, 술에 취한 상태거나 너무 피곤해 곤히 잠이 들었을 때, 또는 몸을 마음대로 움직일 수 없는 아기들은 위험할 수도 있으니 더욱 조심해야 합니다.

따라서 선풍기나 에어컨은 오래 틀어 놓으면 좋지 않고, 창문도 자주 열어 환기를 시켜 습도 조절을 해 주어야 합니다.

그렇다면 에어컨과 선풍기 말고 열대야를 이길 수 있는 방법은 또 무엇이 있을까요?

생체 리듬을 유지하는 것입니다. 즉 일정한 시간에 잠을 자고 일어나는 습관을 들이는 것이지요. 덥다고 늦게까지 잠을 안 자면 아침에 늦잠을 자게 되고, 그러면 생체 리듬이 깨져 하루를 무기력하게 보낼 수 있습니다. 또 자기 직전에 미지근한 물로 샤워를 하면 피부 온도가 일시적으로 낮아져 덜 더운 상태에서 잠을 청할 수 있습니다.

배가 고파도 잠이 잘 안 오기 때문에 우유를 한 잔 정도 마시는 것도 좋은 방법입니다. 하지만 자기 전에 수박처럼 물이 많은 과일은 피하세요! 먹을 때는 시원해서 좋지만, 새벽 내내 화장실에 드나드느라 숙면에는 방해가 되니까요.

열대야는 매년 어김없이 찾아옵니다. 덥다고 하루하루를 무기력하게 보낼 것이 아니라, 힘차게 이겨 나가시길 바랍니다.

매끈함 속에 감추진 비밀
거울

거울은 아주 오래전부터 물체나 사람의 모습을 그대로 비추어 주는 도구로 널리 사용돼 왔습니다. 먼 옛날의 거울은 금속으로 만들어져서 튼튼했지만, 요즘 거울은 던지거나 심한 충격을 주면 곧 깨지고 맙니다. 거울이 깨지기 쉬운 유리판으로 만들어졌기 때문이지요. 거울과 유리, 이 둘은 어떤 관계가 있을까요?

● 유리는 액체일까, 고체일까?

우리가 집에서 사용하는 그릇은 플라스틱, 금속, 도자기, 유리 등 다양합니다. 특히 유리 그릇은 투명하면서도 아름답기 때문에 고급 식기로 사용되고 있지요.

여기서 한 가지 퀴즈를 낼 테니 맞혀 보세요. 도자기는 고체입니다. 그럼 유리도 고체일까요?

정답은 유리는 고체가 아니라 액체입니다. 보통 도자기나 돌 같은 고체는 결정으로 이루어져 있습니다. 그러나 유리는 아무리 관찰해도 결정을 찾아볼 수 없지요. 결정이 형성되기 위해서는 액체가 굳기 전에 오랫동안 뜨거운 온도가 유지돼야 하고, 구성 분자들의 움직임도 활발해야 합니다.

이러한 상황은 땅속 깊은 곳에서 뜨거운 마그마가 식어 암석이 될 때도 그대로 적용됩니다. 땅속 깊은 곳은 뜨거운 상태이기 때문에 마그마가 오랜 기간 서서히 식으면서 충분히 큰 결정을 형성하게 됩니다. 이러한 암석을 지질학에서는 '심성암'이라고 부르는데, 그 구성 결정들은 눈으로 확실히 구별할 수 있을 정도로 큽니다. 대표적인 예로 화강암이 있습니다.

이에 비해 마그마가 땅 밖으로 나와서 굳은 암석은 땅속에서 식은 암석보다 상대적으로 찬 공기 중에서 급하게 식었기 때문에 결정이 빨리 생기고, 성장할 시간도 짧아 결정이 작습니다. 이런 암석은 '화산암'이라 하는데, 그 예로는 현무암이 있습니다.

그러나 유리는 녹았을 때, 그 <u>분자들의 운동이 무척 느려서 식는 동안 결정을 이루지 못합니다.</u> 그래서 액체라 하는 것입니다.

◎ 쉽게 상처받는 거울

고체의 성질을 띤 액체인 유리는 여러 용도로 가공돼 생활 소품에서부터 산업 용품까지 다양한 곳에 쓰이고 있습니다. 거울도 그중 하나이지요.

거울을 만들 때 유리는 마치 사람의 뼈대와 같은 역할을 합니다. 평면 유리판 뒤에 은화합물의 막을 입히고, 그 위에 빛의 반사가 잘되고 은화합

　물의 부식을 막아 주는 아말감 등의 물질로 페인트칠을 하면 거울이 완성됩니다. 이렇게 만들어진 거울이 여러분의 집에 걸리는 것입니다.

　거울은 주로 평면거울이지만 그 면을 볼록하거나 오목하게 만들어 사용하기도 합니다. 볼록 거울은 실제 물체의 크기보다 더 작은 상을 보여 주는 대신 더 넓은 범위를 보여 줍니다. 이러한 성질 때문에 자동차의 백미러 등에 주로 사용됩니다.

그러니까 자동차를 타고 갈 때, 운전하는 아빠나 엄마에게 알려 주세요. "백미러에 보이는 자동차는 보이는 것보다 실제로는 훨씬 더 가까이 있어요."라고요. 백미러에 보이는 자동차의 크기가 작다고 해서 자동차가 더 뒤쪽에 있다고 착각할 수 있으니까요.

그런데 거울은 충격을 주면 쉽게 깨지고 약간 어두워 보여요. 반사 물질이 유리판 뒤에 칠해져 있으므로 빛이 유리판을 통과할 때 유리에 어느 정도 흡수되기 때문에 거울에 맺힌 상이 약간 어두워 보이지요.

요즘에는 이런 단점을 보완해 유리가 아닌 거울도 나오고 있습니다. 도로용 거울처럼 스테인리스 스틸을 사용하지요. 스테인리스 스틸 앞에 반사 물질을 칠하면, 빛이 흡수되거나 깨지는 단점을 보완할 수 있거든요.

빛과 열을 반사하는 거울은 미용을 위해서뿐만 아니라 보온 도시락의 보온을 위해서도 사용되고, 겨울철 전기난로 뒷면의 열 반사판으로도 사용됩니다. 또 과학 연구나 군사용으로도 쓰입니다.

아폴로 11호는 달에 전면 코팅 반사 거울을 설치하고 돌아왔습니다. 이 반사 거울은 과학자들이 달에 레이저 빔을 쏴서 달까지 갔다 되돌아오는 속도를 측정, 달과 지구 사이의 거리를 알아내는 데 활용되고 있습니다.

이 밖에 인공위성에 부착된 반사경은 미사일의 발사와 궤도 수정 신호를 포착, 미사일을 유도하기도 합니다. 우리가 흔히 볼 수 있는 거울도 이처럼 참으로 다양하게 쓰인다는 사실을 기억하세요.

울퉁불퉁 골프공, 실로 꿰맨 야구공

요즘엔 우리나라를 대표하여 세계 무대에서 당당하게 스포츠 스타로 발돋움하는 선수들이 많이 있습니다. 야구, 축구, 피겨 스케이트, 리듬 체조, 골프 등 다양한 분야에서 두드러진 활약을 펼치고 있지요.
특히 야구와 골프는 큰 인기를 끌고 있습니다. 그런데 자그마한 야구공과 골프공에도 과학적 원리가 숨어 있다는 사실을 아세요?

📖 마찰 저항과 형상 저항

골프에서 중요한 것 중 하나가 공이 공기의 저항을 최소한 적게 받아 최대한 멀리 날아가야 한다는 것입니다. 실제로 공은 아무리 힘껏 스윙을 해도 공기의 저항으로 인해 무한정 날아가지는 않지요.

공은 공기의 마찰로 인한 저항(마찰 저항)뿐만 아니라 공의 모양에 따른 저항(형상 저항)도 받습니다. 사실 마찰 저항보다 형상 저항이 훨씬 큽니다. 따라서 형상 저항을 줄여야 더 멀리 날아갈 수 있지요. 공의 형상 저항 값이 작다는 것은 공기가 공의 표면을 따라 부드럽게 흐른다는 것입니다.

골프공이 빠른 속도로 날아가게 되면, 공기는 공의 표면을 따라 뒤쪽까지 부드럽게 흐르지 못하고 공의 중간쯤에서 공 표면 바깥으로 그 흐름이 바뀌게 됩니다.

이러한 현상과 비슷한 예를 들자면, 바람이 강하게 부는 날, 굵은 나무 뒤에 서 있으면 나무 앞쪽에 있을 때보다 바람의 영향을 덜 받게 되는 경우입니다. 강한 바람이 나무 앞쪽 표면을 타고 흐르다가 뒤쪽에까지 이르지 못하고 나무의 중간쯤에서 바깥쪽으

표면이 매끈한 공보다 울퉁불퉁한 공이 더 멀리 날아간다고! 핫핫핫.

딱!

로 흐르는 것이지요.

공이 빠르게 날아갈 때, 공기의 흐름이 바깥쪽으로 향하게 되어 공의 앞쪽 표면보다 뒤쪽의 압력이 떨어지게 됩니다. 이러한 <u>압력 차가 형상 저항을 일으키게 되고, 이 면적이 클수록 더 많은 저항이 생겨 공의 속력이 줄어들게 되는 것</u>이지요.

이렇게 골프공 뒤쪽의 압력이 떨어지는 부분을 줄이기 위한 대책이 바로 골프공 표면에 작은 홈을 만드는 것입니다.

골프가 처음 시작되었을 때는 나무로 만든 매끈한 표면의 골프공이 사용되었다고 합니다. 그런데 어느 날 표면이 매끈한 새 공보다 표면이 거친 헌 공이 더 멀리 날아간다는 사실을 깨닫게 되었고, 가장 이상적인 거칠기(홈의 크기와 개수)를 생각해 내어 현재와 같은 골프공이 만들어졌습니다.

표면이 울퉁불퉁한 골프공은 앞쪽 표면에서 공기의 흐름이 매우 불규칙하게 됩니다. 그래서 공의 뒤쪽 부분에서도 공기들이 서로 섞여 압력이 낮아지는 부분이 줄어들게 되지요.

이렇게 공의 형상 저항이 현저히 줄어들어 멀리까지 날아갈 수 있는 것입니다.

📖 상처투성이 야구공

공이 받는 저항을 줄이기 위한 노력은 야구공에도 그대로 적용됩니다.

야구공을 자세히 살펴보면 가죽 두 쪽을 굵은 실로 108번 꿰매 만든 것을 알 수 있습니다. 이 바늘 자국을 솔기(또는 실밥)라고 합니다.

야구공도 골프공처럼 매끈하게 만들지 않고 실밥 자국이 있게 만든 것은 공기의 흐름을 부분적으로 불규칙하게 만들어 압력이 낮아지는 부분을 줄이기 위해서입니다. 이 때문에 야구 선수가 시속 150킬로미터 이상의 강속구를 던질 수 있는 것입니다.

투수가 던진 공이 타자가 서 있는 홈플레이트까지 도달하는 데는 겨우 0.2~0.4초밖에 걸리지 않는다고 합니다. 그런데 이런 공을 쳐서 안타를 만들고 홈런을 만들다니, 타자들도 대단하지요?

물체 표면을 울퉁불퉁하게 해서 유체와의 저항을 줄여 속도가 줄어드는 걸 막는 원리는 다른 곳에서도 찾아볼 수 있습니다. 바다에 사는 상어가 빠른 속도로 헤엄칠 수 있는 것도 피부에 작은 돌기들이 있기 때문이고, 비행기가 하늘을 빠르게 날 수 있는 것도 날개가 매끈하지 않고 오돌토돌하기 때문입니다.

상어와 비행기는 관찰하기가 쉽지 않다고요? 그렇다면 우리 주위에서 쉽게 볼 수 있는 자동차의 전조등을 살펴보세요. 표면이 매끄럽지 않고 울퉁불퉁하지요? 이것은 앞에서 이야기한 난반사 외에도 자동차와 공기의 마찰을 줄이려는 자동차 제조 회사의 작은 노력입니다.

세상을 보는 또 다른 눈 안경

우리나라 옛말에 '몸이 천 냥이면, 눈이 구백 냥'이라는 말이 있습니다.
그만큼 볼 수 있다는 것은 큰 기쁨이고 소중한 것입니다.
하지만 눈이 나빠 안경을 쓰는 사람들이 꽤 많습니다. 안경은 눈이 침침하고
잘 안 보일 때 정확하게 물체를 볼 수 있게 해 주지요.
과연 안경의 원리는 무엇일까요?

왜 안경을 써야 할까?

우리가 눈을 통해 무엇을 볼 수 있는 것은 빛의 굴절 현상으로 설명할 수 있습니다. 물체에서 반사된 빛은 우리 눈의 각막과 수정체를 통과하면서 적당히 굴절되어, 망막이라는 곳에 명확한 상을 맺게 합니다. 그러면 시신경이 이 정보를 뇌에 전달해 물체를 볼 수 있게 되는 것이죠.

하지만 선천적 또는 후천적으로 각막이나 수정체의 두께나 모양이 변형되면 외부에서 들어오는 빛의 굴절률도 바뀌어 망막에 명확한 상을 맺지 못하게 됩니다. 그러면 사물을 잘 볼 수 없게 되지요. 이때는 볼록 렌즈나

오목 렌즈로 만든 안경을 이용해 굴절률을 조정해 줘야 합니다.

예를 들어 근시는 빛의 굴절률이 커져 물체의 상이 망막 앞에 맺히는 경우로, 가까운 물체는 잘 보이지만 먼 곳의 물체는 흐릿하게 보입니다. 많은 사람들이 근시 때문에 안경을 쓰는데, 이 경우에는 오목 렌즈를 이용해 상이 망막에 정확히 맺히도록 합니다.

이와는 반대로 원시는 굴절률이 작아져 물체의 상이 망막 뒤에 맺히는 경우로, 볼록 렌즈를 이용해 망막에 상이 맺히도록 합니다.

🍊 렌즈의 변신

우리가 흔히 쓰는 안경의 렌즈는 유리나 플라스틱으로 만들어집니다. 유리 렌즈와 플라스틱 렌즈는 분명한 장단점이 있지요.

예를 들면 플라스틱 렌즈는 유리 렌즈보다 가볍고 잘 깨지지 않습니다. 하지만 렌즈 표면에 흠집이 생기기 쉽고, 유리 렌즈와 같은 굴절률을 내기 위해서는 두께가 더 두꺼워야 합니다.

반면 유리 렌즈는 플라스틱 렌즈와 장단점이 정반대라고 생각하면 됩니다. 플라스틱 렌즈보다 무겁고 잘 깨지지만, 표면에 흠집이 잘 생기지 않고 얇게 만들 수 있지요.

요즘에는 우리 눈의 상태에 따라 좀 더 편하게 볼 수 있도록 기능이 개선된 많은 렌즈들이 있습니다.

시력이 아주 나쁜 친구들은 꽤 두꺼운 렌즈의 안경을 써야 하는데, 이런 친구들을 위해 안경원에서는 이른바 '압축 렌즈'라는 것을 권합니다. 압축 렌즈가 일반 렌즈에 힘을 가해 압축시켜 만든 렌즈라고 생각하는 사람들이 있지만 전혀 그렇지 않습니다.

압축 렌즈는 일반 렌즈에 비해 굴절률이 더 높은 재질로 만든 렌즈를 말합니다. 일반 렌즈보다 그 두께가 훨씬 얇고 무게도 가벼우며, 단단해 잘 깨지지 않습니다. 그래서 가격이 훨씬 비싸지요.

안경원에 가면 압축 렌즈 말고 또 많이 듣는 말이 있습니다. '멀티 코팅 렌즈'라는 말입니다. 일반 렌즈는 투과된 빛 가운데 약 8퍼센트를 반사시키는데, 이 같은 현상으로 인해 마치 유리창을 통해 바깥 풍경을 보는 것처럼 실제와 조금 다른 상이 보일 수 있습니다. 이러한 현상을 막기 위해

일반 렌즈에 여러 개의 코팅 막을 입혀 반사 방지 효과를 넣은 것을 멀티 코팅 렌즈라고 합니다.

하지만 가시광선의 모든 파장대(빨주노초파남보)의 빛에 대해 반사 방지 효과를 줄 수 없기 때문에 특정 파장의 빛은 약간 반사됩니다. 보통 초록색이 그렇지요. 여러분이 사용하는 것 중에 멀티 코팅 렌즈를 잘 살펴보면 초록색이 비치는 것을 볼 수 있을 거예요.

이외에도 자외선과 전자파를 차단하는 '자외선 코팅 렌즈'와 '전자파 코팅 렌즈' 등의 기능성 렌즈가 있습니다. 또 추운 바깥에서 따뜻한 실내로 들어왔을 때 갑자기 안경에 뽀얗게 김이 서리는 것을 방지하기 위한 '김 서림 방지 렌즈'도 개발돼 있습니다.

안경에 대한 연구는 지금도 계속되고 있습니다.

구리구리 구린 방귀

'뽀오~옹.'
엘리베이터 안이나 만원 버스 안에서 자신도 모르게 자연스레 뀌어 버린 방귀 때문에 난처했던 경험이 있나요?
왜 그리도 **냄새가 고약**한지…. 얼굴은 어느새 홍당무가 되어 버리지요.
하루에도 몇 번씩 뀌어 대는 방귀, 도대체 방귀는 왜 나오는 걸까요?

방귀란?

우리가 음식물을 먹을 때, 공기도 함께 우리 입안으로 들어옵니다. 이러한 공기의 대부분은 트림할 때 다시 몸 밖으로 배출되지만 일부는 장으로 내려갑니다.

위와 소장을 지난 음식물들이 대장에 이르면 대장 내의 여러 세균이 이 음식물들을 분해하는데, 이때 여러 성분의 가스가 생깁니다. 이런 공기와 가스는 창자의 움직임에 의해 소리를 내면서 항문 밖으로 밀려 나오는데, 이것이 바로 방귀입니다.

방귀는 공기와 가스의 비율에 따라 냄새의 정도가 다른데, 공기가 많은 방귀는 냄새가 별로 없고, 가스가 많은 방귀는 지독한 냄새가 납니다. 하루에 평균 13회 정도씩 내뿜는 <u>방귀는 수소와 이산화 탄소, 메탄 가스가 99퍼센트를 차지</u>하고 있습니다.

그런데 예전에 방귀의 구성 성분인 수소로 인해 웃지 못할 엄청난 사건이 있었습니다. 보통 대장에 조그만 혹이 생긴 경우에는 항문 쪽으로 내시경을 삽입하여 관찰한 뒤, 전류를 보내 혹을 태워 버리거나 잘라 냅니다. 그런데 이런 방법으로 대장의 혹을 제거하던 중 대장이 폭발해 환자가 사망한 사건이 있었습니다.

사건의 경위는 이렇습니다. 내시경 검사를 위해 환자에게 만니톨이라는 관장 약을 사용했는데, 이 물질이 대장의 세균과 작용해 수소를 많이 만들어 냈습니다. 그런데 대장 속에 수소와 산소가 같이 있는 상태에서 전류를 흘렸기 때문에 물이 만들어지면서 에너지가 방출돼 폭발을 한 것입니다. 보통 수소와 산소가 만나 물이 만들어질 때는 에너지가 방출되거든요. 이 사건 이후부터 이 관장 약은 사용하지 않는다고 합니다.

🔴 '뽀옹' 소리와 지독한 냄새는 왜 날까?

'왜 어떤 사람은 다른 사람보다 방귀를 더 많이 뀔까?', '방귀 소리가 유난히 큰 건 왜 그럴까?', '어떤 방귀는 냄새가 없는데 왜 어떤 방귀는 냄새가 지독할까?' 등 방귀에 대한 사람들의 궁금증은 참 많습니다.

여러분 중에 방귀를 유난히 많이 뀌어 방귀 대장이라 불리는 친구가 있나요? 보통 방귀를 자주 뀌는 사람은 먹은 음식물의 종류나 몸속에 특정

효소가 결핍된 것이 그 원인인 경우가 많습니다.

　음식물 중에서 각종 유제품, 양파, 당근, 건포도, 바나나, 살구, 자두 등은 특히 방귀를 많이 뀌게 하는 음식물들입니다. 따라서 방귀 뀌는 횟수를 줄이려면 이런 음식물보다는 육류, 생선, 포도, 딸기, 쌀밥, 땅콩, 밤, 호두, 초콜릿, 물 등을 먹으면 좋습니다.

　그리고 우리나라 사람들은 대체로 우유를 먹었을 때 유당을 분해하는 효소가 적어 소화를 잘 못 시키는 경우가 많습니다. 특히 효소가 적은 사람들은 설사를 하거나 뱃속에 가스가 가득 차 자주 방귀를 뀌게 됩니다.

　그럼 방귀를 뀌었을 때 '피시식' 또는 '뿌웅' 하고 갖가지 소리가 나는 이유는 무엇일까요?

　그건 장에서 생성된 방귀 가스가 항문으로 나올 때, 괄약근으로 인해 좁아진 항문 구멍으로 한꺼번에 빠져나오다 보니 항문 주변의 피부가 떨려 '뿌웅'

하고 소리가 나는 것입니다. 남들보다 밀어내는 힘이 강하거나 통로가 좁은 사람, 배출될 가스가 많은 경우엔 더 큰 소리가 나게 되지요.

또 하나, 방귀로 인해 민망한 경우는 바로 냄새가 나기 때문이죠? 방귀 냄새는 <u>음식물 속의 단백질이 분해되어 만들어진 인돌과 스카톨이라는 물질 때문</u>으로 알려져 있습니다.

보통 단백질이 많은 고기를 먹고 방귀를 뀌면 더 지독한 냄새가 납니다. 반면 채소 등은 소화가 잘 안 되는 섬유질이 많기 때문에 이를 소화시키기 위해 장이 열심히 운동을 하게 되고, 그 결과 냄새는 별로 구리지 않지만 많은 양의 가스가 생성되어 자주 배출되게 됩니다.

평소에 무심코 지나쳐 버리는 이러한 방귀가 내장 수술을 받은 환자에게는 수술이 성공적으로 끝났음을 알리는 신호탄이며, 모유를 먹는 갓난아이에게는 소화를 잘 시켰음을 나타내는 청신호가 됩니다. 그러니까 방귀를 너무 무시하면 안 되겠죠?

내 몸이 뜬다 떠! 부력

수영을 못해서 수영장에선 언제나 '꼬르륵' 물만 먹지만 바닷물에서는 조금만 노력해도 물에 뜨는 경우가 있습니다. 왜 수영장과 달리 바닷물에서는 몸이 뜰까요? 그리고 조그마한 돌은 물에 가라앉는데 훨씬 무거운 배는 어떻게 물에 뜨는 걸까요?
그 비밀의 열쇠는 바로 '아르키메데스의 원리'입니다.

✪ 물에 뜨는 원리

물에 잠겨 있거나 떠 있는 물체는 물에 의해 수직 위 방향으로 힘을 받는데, 이를 '부력'이라고 합니다. 부력의 크기는 물속에 잠긴 물체의 부피에 해당하는 물의 무게와 같은데, 이것을 '아르키메데스의 원리'라고 합니다. 부력은 물체의 비중이 작을수록, 그리고 부피가 클수록 커져서 물체를 더 잘 뜨게 합니다.

비중이란 어떤 물체가 물에 대하여 상대적으로 가지는 밀도를 말하며, 물의 비중을 1로 하여 기준을 잡습니다. 사람의 비중은 0.96정도이므로,

물의 비중보다 0.04정도가 낮아 물에 뜰 수 있습니다.

그런데 사람마다 비중은 조금씩 다릅니다. 근육보다 지방의 비중이 더 작기 때문에 근육질의 마른 사람보다는 지방이 많은 뚱뚱한 사람이 물에 뜨기가 더욱 쉽지요. 또한 바닷물의 비중은 1.01~1.05로 사람의 비중보

다 0.05~0.09 크기 때문에 민물보다는 바닷물에서 뜨기가 더 쉬운 것입니다.

바닷물의 부력은 집에서 간단하게 실험을 해 보면 알 수 있습니다. 빈 컵에 물을 채운 뒤 달걀을 넣으면 물속으로 가라앉습니다. 이때 짠 바닷물처럼 소금을 조금씩 물속에 넣어 보세요. 소금이 녹을수록 물의 비중은 점점 커져 어느 정도가 되면 달걀이 물 위에 뜨는 것을 볼 수 있습니다.

물에 잠겨 있는 물체를 수직 위쪽 방향으로 밀어 올리려는 부력의 작용은 우리의 생활 곳곳에서 느낄 수 있습니다. 강이나 계곡에 놀러 가서 가재나 물고기를 잡기 위해 강바닥에 있는 큰 돌을 들어 옮겨 보세요. 뭍에서는 도저히 들 수 없던 돌도 좀 더 쉽게 들 수 있을 것입니다. 또 목욕탕에서 빈 세숫대야를 물이 가득 찬 욕탕 바닥에 가라앉히려면 무척 힘이 들지요.

이 모든 것이 바로 <u>물체를 수직 위로 들어 올리려는 부력의 작용 때문에 생기는 현상</u>입니다.

⭐ 배와 잠수함

무거운 쇳덩이를 물 위에 놓으면 곧 물속으로 가라앉습니다. 하지만 이 덩어리를 얇게 펴서 판자처럼 만든 뒤, 다시 물에 놓으면 가라앉지 않고 떠 있는 것을 관찰할 수 있습니다.

이와 같이 <u>비중이 같은 물질이라도 그 부피가 달라지면, 작용하는 부력도 다릅니다.</u> 바로 이러한 차이로 인해 작은 쇠구슬은 물에 가라앉는데, 덩치가 큰 배는 물에 뜨는 것입니다.

배는 그 무게에 비해 최대한 부피를 크게 하여 부력을 충분히 받아 물에 뜹니다. 반면 잠수함은 내부로 물을 넣었다 **뺐다** 하는 장치가 있어서, 물을 넣으면 수면 아래로 잠수하고, 반대로 물을 빼면 조금씩 물 위로 떠오릅니다.

이러한 부력의 원리는 여러분도 잘 알다시피 옛날 그리스 시대의 아르키메데스라는 수학자가 목욕을 하다가 발견하였습니다. 욕조에 몸을 담갔을 때 물이 넘치는 것을 보고 발견했다고 하지요.

이처럼 우리의 생활 곳곳에 재미있는 과학의 원리가 숨어 있다는 사실, 잊지 마세요.

카드 속에 돈이? 교통 카드

요즘은 버스나 전철을 탈 때 교통 카드로 요금을 내는 것이 익숙합니다. 예전엔 **토큰이나 현금, 전철 패스** 등을 준비해야 했는데, 이런 번거로움 없이 요금을 지불할 수 있게 된 것이지요. 단말기 가까이에만 대면 **자동으로 요금이 지불**되는 편리한 교통 카드 덕분입니다.

● 알아서 척척 계산하는 IC 카드

교통 카드는 집적 회로(IC) 칩이 내장되어 있는 카드입니다. 이 IC 칩은 일정량의 데이터를 기억하거나 간단한 연산을 할 수 있습니다. 즉 카드에 들어 있는 금액의 정보를 담고 있고, 카드를 교통 시설에 설치된 단말기에 댈 때 카드의 정보를 단말기와 주고받는 역할도 합니다.

단말기는 일정한 전파를 내보내는데, 카드를 단말기에 대면 카드와 단말기 사이에 일종의 쌍방향 무선 통신이 이루어지게 됩니다. 마치 라디오가 방송국의 전파를 수신하여 우리가 음악을 들을 수 있는 것과 같은 원리이지요. 단지 라디오의 경우에는 전파가 먼 거리까지 갈 수 있지만, 교통 시설에 설치된 단말기의 전파가 미치는 거리는 10센티미터 안팎이라는 차이만 있을 뿐입니다.

즉 우리가 교통 카드를 단말기에 10센티미터 정도로 가까이 가져가야 카드의 정보가 단말기로 전달되어 금액을 확인시켜 주는 것입니다.

⊙ 교통 카드의 전원

카드와 단말기가 정보를 주고받을 때는 일정량의 전원이 필요합니다. 과연 그 전원은 어디에서 얻는 걸까요?

가끔 요금이 부족할 때 카드 충전소에서 카드를 충전하는데, 혹시 이때 카드의 전원이 충전되는 것으로 생각하는 친구가 있나요? 그렇다면 충전하지 않는 후불제 교통 카드는 어떻게 설명할 수 있을까요?

카드 충전소에서의 충전은 카드 내의 IC 칩에 저장되어 있는 금액에 대한 정보만을 바꿔 주는 것이지 결코 전기가 충전되는 건 아닙니다.

교통 카드가 필요한 전원을 얻는 방법은 다음과 같습니다.

보통 IC 카드는 자체적으로 전원을 가진 경우도 있지만, 교통 카드처럼 미약한 전원이 필요한 경우에는 인식 단말기에서 받은 전파로 <u>카드 속 유도 코일을 감응시켜 전기를 생산</u>합니다. 즉 코일 주변의 자기장이 변할 때 코일에 전류가 흐르는 전자 유도 현상을 이용하는 것입니다.

　교통 시설의 단말기에는 코일이 있습니다. 이 코일 주변에 변하는 자기장을 계속 발생시키면, 교통 카드를 가까이 댔을 때 카드 안에 있는 코일 주변의 자기장도 변하게 되어 유도 전류가 형성됩니다. 비록 이때 발생하는 전기는 매우 미약하지만 IC 칩을 작동하기에는 충분합니다.

IC 카드의 이용

IC 칩이 내장되어 있는 카드는 교통 카드 외에도 많습니다. 공중전화 카드나 어른들이 사용하는 신용 카드도 여기에 속합니다.

하지만 이런 카드의 경우엔 카드와 단말기가 직접 접촉해야 합니다. 즉 기계의 투입구로 카드를 직접 넣어야 작동하는 이런 카드를 '접촉식 카드'라고 합니다.

반면 교통 카드처럼 카드와 단말기가 직접 접촉하지 않아도 되는 종류는 '비접촉식 카드'라고 합니다. 비접촉식 카드는 보안이 철저한 회사에 출입할 때 사용하는 신분증 등으로도 사용됩니다.

이처럼 작은 카드 한 장에도 여러 가지 과학의 원리가 숨어 있습니다. 여러분도 주위의 사물에 관심을 가져 보세요. 주위의 사물이나 현상에 대한 계속적인 호기심과 그 원리를 알아가는 과정에서 과학자의 꿈은 점차 커질 것입니다.

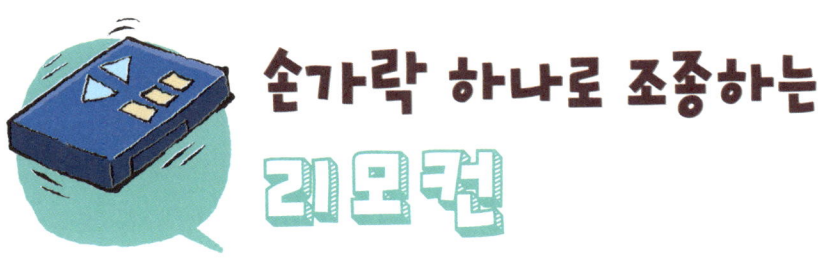
손가락 하나로 조종하는 리모컨

요즘은 방바닥이나 소파에 누워서 작은 버튼만 누르면 텔레비전, 오디오, 에어컨 등이 저절로 켜지는 무척 편리한 세상입니다. 리모컨은 멀리 떨어져서도 원하는 대로 작동하도록 조종한다(원격 조종)는 뜻인 '리모트 컨트롤'을 줄인 말입니다. 리모컨에는 어떤 비밀이 숨어 있기에 덩치 큰 가전제품들을 마음대로 작동시킬 수 있는 걸까요?

리모컨의 비밀은 적외선

국내에서 처음 리모컨이 포함된 텔레비전이 생산되었을 때의 광고를 보면 참 재미있습니다. 리모컨에서 레이저 광선 같은 것이 텔레비전으로 발사되면, 텔레비전이 저절로 켜지기도 하고 꺼지기도 하는 것이었지요.

텔레비전의 다른 기능은 별로 달라진 것 없이 리모컨이라는 기능만 하나 추가되었는데도 당시 소비자들로부터 큰 관심을 끌었습니다. 그전에는 로터리 방식이라고 해서, 채널을 손으로 직접 돌려야 했거든요. 그런데 전원을 켜고 끌 때, 채널을 바꿀 때, 그냥 원하는 버튼만 누르면 되었으니 대단히 신기한 물건으로 보였던 것이죠.

그렇다면 그 텔레비전 광고 속 리모컨에서 발사되던 레이저 광선 같은 것은 무엇이었을까요? 물론 그 광선은 눈에 보이지 않습니다. 단지 효과적으로 표현하려고 그렇게 광고를 만든 것일 뿐, 실제로 리모컨에서 발사되는 광선은 적외선입니다. 그중에서도 파장이 짧은 근적외선이죠.

태양에서 우주로 방출되는 에너지는 크게 전파, 가시광선, 적외선, 자외선, X선 등으로 구분됩니다. 이 가운데 우리가 눈으로 볼 수 있는 것은 '빨주노초파남보'의 색을 띠는 가시광선뿐입니다. 그런데 적외선은 이 가시광선의 적색 부분 바깥쪽에 있어, 우리 눈에 보이지 않습니다.

우리가 사용하는 리모컨에는 각 버튼마다 특정 주파수가 정해져 있습니다. 버튼을 누르면, 리모컨의 앞부분에 달려 있는 조그마한 전구에서 미리 정해진 주파수의 적외선이 제품의 적외선 수신부로 발사됩니다.

가전제품에는 리모컨 신호를 수신하는 센서가 달려 있습니다. 이 센서는 각각 정해진 주파수의 적외선을 다시 전기 신호로 바꿔 주는 역할을 합니다.

리모컨에서 발사되는 적외선이 영향을 미칠 수 있는 거리는 수 미터 정도입니다. 너무 먼 거리까지 영향을 미치면 다른 제품까지 작동시킬 가능성이 있기 때문이지요. 때때로 제품을 향하지 않고 벽을 향해 버튼을 눌러도 작동되는 경우가 있는데, 이것은 적외선이 벽이나 거울 등에 반사돼서 그런 것입니다.

한편 햇빛이 많이 들어오는 공간에서는 햇빛의 적외선과 리모컨의 적외선이 혼합되어 작동이 잘못되거나 아예 안 될 수도 있습니다.

생활 구석구석에 자리 잡은 적외선 센서

사실 리모컨 외에도 일상생활 구석구석에서 적외선을 만날 수 있습니

다. 어두운 아파트 복도에 들어서면, 갑자기 전등이 환하게 켜지거나, 건물 입구의 자동문 앞에 다가서면 문이 저절로 스르르 열립니다. 또한 남자 화장실의 소변기는 사람이 접근하거나 용변을 마치고 나면 자동으로 세척수가 나옵니다. 일일이 힘을 들이지 않아도 우리를 편리하게 해 주는 이 모든 것들이 바로 적외선 센서가 부착되어 있기 때문입니다.

그러면 적외선 센서는 어떻게 사람이 다가가는 것을 알 수 있을까요?

이 센서들은 적외선을 방출하는 부분과 반사되어 다시 돌아오는 적외선을 감지하는 부분으로 구성되어 있습니다.

아파트 복도 천장의 전등 속에 부착된 적외선 센서는 적외선을 계속해서 방출하고 있습니다. 방출된 적외선은 벽이나 바닥에 부딪혔다가 일정한 형태로 일정한 양만큼 다시 센서로 돌아오지요. 하지만 사람이나 물건이 이 전등 아래를 지나가게 되면, 적외선이 반사되는 형태와 양이 바뀌게 됩니다. 그러면 센서가 적외선에 변화가 생긴 것을 감지해 불이 켜지는 것입니다.

자동문이나 남자 화장실 소변기의 자동 세척기도 계속해서 일정하게 적외선을 내보내다가 사람에 의해 방해를 받으면, 각각 문을 열거나 세척수를 내보내는 것입니다.

이처럼 우리는 우리도 모르는 사이에 적외선 센서의 도움을 받아 편리한 생활을 하고 있습니다.

 # 생활 속 화학 실험실

> 요즘은 헤어스타일도 개성 시대입니다. 길을 가다 보면 각자의
> 개성대로 **다양한 스타일의 머리**를 하고 다니는 것을 보게 됩니다.
> 꼬불꼬불한 파마 머리, 긴 생머리, 빨간 머리, 노란 머리,
> 초록 머리 등 **색도 모양도 무척 다양**하지요.
> 그런데 어떻게 머리카락을 마음대로 바꿀 수 있는 걸까요?

🍳 머리카락 속의 화학 반응, 파마

　사람의 머리카락은 대략 10만 개 정도입니다. 머리카락은 '케라틴'이라는 섬유 같은 단백질 다발로 이루어져 있고, 이 단백질에는 '시스틴'이라는 아미노산이 많이 들어 있습니다.

　시스틴 안의 황 원자들은 이웃한 시스틴의 다른 황 원자와 다리 모양으로 단단히 연결되어 있습니다. 이 결합으로 인해 머리카락은 탄력을 갖게 되며, 구부렸다 펴도 곧 제 모양으로 돌아오고, 가늘지만 잘 끊어지지 않습니다.

머리카락 모양을 변화시키기 위해서는 먼저 이 <u>시스틴 간의 황-황 결합을 끊어 줘야 합니다.</u> 파마할 때 머리에 발라 주는 파마 약이 바로 그 역할을 합니다.

파마 약은 황-황 결합을 파괴시킨 뒤, 떨어져 나간 시스틴의 황 원자들을 파마 약 내의 수소 원자와 결합하게 만듭니다. 그러면 시스틴끼리의 결합이 끊어진 머리카락은 탄력을 잃게 되고, 이때 원하는 모양으로 머리카락을 변형시킬 수 있는 것입니다.

머리카락을 '컬 클립'이라는 원통형의 도구에 감아 원하는 모양으로 바꾼 뒤에는 중화제를 발라 줍니다. 그러면 반대로 수소가 시스틴의 황 원자에서 떨어져 나오게 되고, 시스틴은 가까이 있는 다른 시스틴과 황-황 다리 결합을

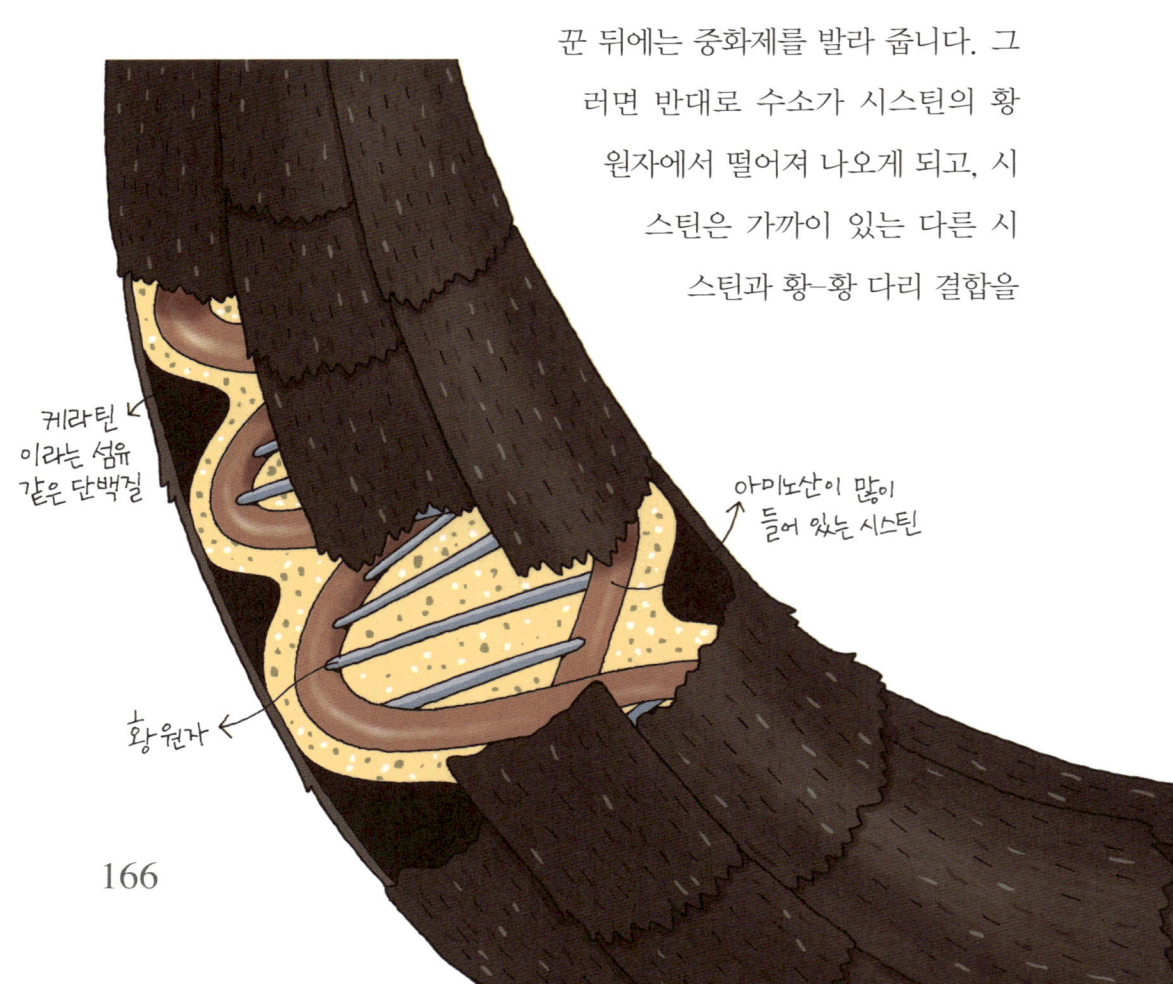

다시 하게 됩니다. 그러면 잃었던 탄력이 되살아나지요.

하지만 처음 결합했던 시스틴의 위치가 바뀌었기 때문에, 다시 파마 약을 바르지 않는 한 그 모양을 유지하게 되는 것입니다.

🐟 내 머리카락은 카멜레온

헤어스타일을 변화시키는 또 다른 방법으로는 여러 가지 색으로 머리를 염색하는 것입니다. 우리의 머리카락은 겉으로 보기엔 매끈매끈해 보이지만, 현미경이나 고배율 확대경으로 보면 표면에 생선 비늘 같은 껍질이 여러 겹 있음을 알 수 있습니다.

머리카락의 색은 인종마다 다릅니다. 흑인의 경우는 대부분 검은색, 백인은 금발이나 은색, 황인은 보통 갈색을 띱니다.

머리카락의 색은 멜라닌 색소에 의해 결정됩니다. 멜라닌 색소에는 크게 두 가지가 있는데, 페오멜라닌 색소는 붉은색이나 노란색 계열을 결정하고, 유멜라닌 색소는 흑색이나 갈색 계열의 색을 좌우합니다. 따라서 이들 멜라닌 색소의 함량 비율에 따라 머리카락의 색이 달라지는 것이지요.

염색이란 이 멜라닌 색소를 탈색시킨 뒤 원하는 색을 입히는 것이 기본 원리입니다. 염색을 해 본 사람은 알겠지만, 염색할 때는 보통 두 가지 약을 섞어 사용합니다. 그중 하나에는 암모니아와 원하는 색을 내는 염료가 들어 있고, 또 다른 하나에는 과산화 수소가 들어 있습니다.

우선 암모니아는 머리카락을 부풀려 비늘과 같은 여러 겹의 껍질들을 들뜨게 합니다. 최대한 많이 들떠야 과산화 수소와 염료가 머리카락 속에 보다 깊숙이 침투할 수 있습니다.

머리카락 속으로 침투한 과산화 수소는 멜라닌 색소를 파괴하여 하얗게 탈색시킵니다. 멜라닌 색소가 파괴된 자리에는 염료가 들어앉아 원하는 색으로 바꾸지요.

보통 염색할 때 염색 약을 바르고 한참 지난 뒤에 머리를 감는 이유는 머리카락 내부에서 멜라닌 색소가 탈색되고, 염료가 그 자리를 차지하기까지 충분한 시간이 필요하기 때문입니다.

그러니까 한마디로 미용실은 사람들의 머리카락 안에서 화학 반응이 활발하게 일어나도록 조정하는 실험실이라고 해도 되겠지요?

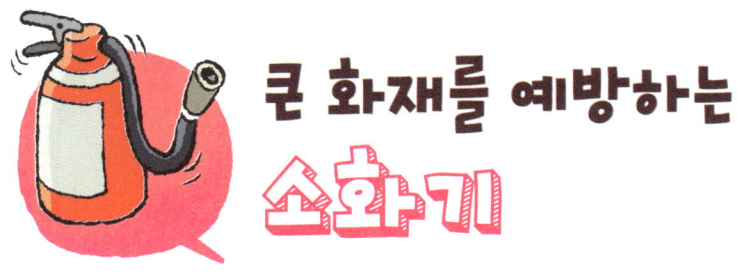
큰 화재를 예방하는 소화기

날씨가 몹시 건조한 봄이나 가을이 되면 **불조심**하라는 이야기를 자주 듣게 됩니다. 하지만 우리가 아무리 주의를 기울여도 매년 크고 작은 화재들이 발생해 **엄청난 재산과 인명 피해**를 내고 있습니다.
참으로 안타까운 일이지요. 그럼 불은 어떻게 나며, 그 불을 끌 수 있는 방법에는 무엇이 있을까요?

🔴 화재가 일어나는 조건

물체가 불에 타기 위해서는 크게 세 가지 조건이 갖춰져야 합니다.

첫째, 그 물체가 불이 붙을 수 있는 것이라야 합니다. 예를 들어 나무, 석탄, 기름 등은 쉽게 불이 붙지만, 돌 같은 것은 불이 붙지 않습니다.

둘째, 나무, 석탄, 기름 등은 불이 붙긴 하지만 아무 때나 불이 붙는 것은 아니고, 각각 그 발화점 이상의 온도가 되도록 열이 가해져야 불이 붙습니다.

셋째, 타는 동안 충분한 산소가 계속적으로 공급되어야 합니다.

이렇게 세 가지 조건이 모두 갖춰져야 화재가 발생하는데, 그 성격에 따라 크게 세 가지로 구분합니다.

우선 종이나 나무 등이 타고 나서 재가 남는 화재는 A급, 타고 나서 아무런 흔적을 남기지 않는 기름이나 가스에 의한 화재는 B급, 전기 사고에

의한 화재는 C급으로 나눕니다.

화재는 보통 세 가지가 섞여 발생하기 때문에 상황에 따라 AB급, BC급, ABC급 등으로 구분합니다. 이렇게 화재를 A, B, C로 구분하는 이유는 화재의 종류에 따라 불을 끄는 방법이 다르기 때문입니다. 그렇다면 불을 끄는 방법에 대해서 알아볼까요?

🔴 우리 집 소방차, 소화기

불이 붙기 위해서는 불이 붙는 물질이 있어야 하고, 열과 산소가 충분히 공급되어야 한다고 했습니다. 그럼 반대로 불을 끈다는 것(소화)은 이러한 원인들 중 일부나 전부를 제거하면 된다는 뜻입니다.

따라서 불이 붙었을 때는 주변에 쉽게 불이 붙을 수 있는 다른 물질들을 치워야 합니다. 그래야 불이 붙은 물체만 타고, 더 이상 번지지 않습니다.

또한 열을 빼앗아 불을 끄는 방법(냉각 효과)이 있는데, 대표적인 것이 물을 뿌리는 방법입니다. 마지막으로 산소 공급의 차단(질식 효과)을 통해 불길을 제압하는 방법입니다. 불이 난 곳에 모래를 뿌리거나 담요로 덮는 것 등이 질식 효과에 의한 화재 진압의 사례이지요.

소화기는 <u>열과 산소의 공급을 차단할 수 있는 훌륭한 소화 장비</u>입니다. 1872년에 토마스 마틴이 발명했는데, 당시엔 물이 든 소화기였습니다. 물은 구하기도 쉽고 냉각 효과도 뛰어나 요긴하게 쓸 수 있었거든요.

그러나 화재 진압 뒤 잔재물이 남는다는 단점이 있고, 또한 0도만 되면 얼기 때문에 추운 계절에는 사용할 수가 없었습니다. 게다가 A급 화재에만 사용할 수 있었기 때문에 우리나라에서 발생하는 화재의 주요 원인인 전기 사고(C급 화재)나 기름·가스 사고(B급 화재)의 불길을 잡는 데는 전혀 도움이 되지 않았습니다. 이런 경우에는 분말 소화기, 이산화 탄소 소화기 등을 사용해야 합니다.

보통 각 가정이나 회사 등에 갖춰져 있는 빨간 통의 소화기는 분말 소화기로, ABC급 화재에 사용할 수 있도록 제작된 것입니다. 이 소화기에는 밀가루처럼 생긴 '인산 이수소 암모늄'이라는 약재가 채워져 있는데, 이

난 각 가정이나 회사 등에 있는 분말 소화기야. 인산 이수소 암모늄이 들어 있지.

분말 소화기

약재는 질식 효과가 뛰어나 빨리 불길을 잡을 수 있는 장점이 있습니다. 하지만 화재 진압 현장에 밀가루를 뿌려 놓은 듯 잔재물이 많이 남는다는 단점이 있지요.

그렇다면 통신 기기실, 컴퓨터실 등 정교한 제품들이 있는 곳에는 어떤 소화기를 사용할까요? 만약 물 소화기나 분말 소화기를 사용하면, 물에 의한 전기 누전이나 잔재물 등으로 인해 화재 발생 장소가 아닌 다른 곳까지 피해가 확대될 수 있습니다.

그래서 이런 곳에서는 이산화 탄소 소화기를 사용합니다. <u>고압 가스로 이산화 탄소를 액화하여 충전한 것</u>으로, 이산화 탄소를 분무하면 산소 공

급이 어려워져 질식 효과가 생깁니다. 또한 고압으로 분사된 이산화 탄소 가스는 주변 온도를 영하 78.5도까지 낮추는 뛰어난 냉각 효과를 발휘합니다. 무엇보다도 분사된 이산화 탄소는 가스이기 때문에 잔재물이 생기지 않는다는 장점도 있지요.

지난 2012년 한 해 동안 우리나라에서만 발생한 화재가 약 4만 3천여 건이라고 합니다. 엄청난 인명 피해와 재산 피해가 뒤따른 건 두말할 것도 없지요. 이렇듯 화재는 우리가 경계해야 할 요주의 대상입니다. 그러니 집집마다 소화기를 설치해 놓고 적절히 잘 사용한다면, 초기 화재 진압에 많은 도움이 될 것입니다.

손끝만 살짝 대 봐! 터치스크린

요즘 핸드폰은 옛날처럼 볼록 튀어나와 있는 버튼을 누르는 것이 아니라 화면에 나타난 메뉴 가운데 자기가 원하는 메뉴에 손가락을 대면 자동으로 실행이 됩니다.
단지 화면을 터치하는 것만으로 기계가 작동되다니, 어떤 원리가 숨어 있는지 궁금하지요?

✪ 톡톡, 터치스크린의 원리

터치스크린이란 모니터 위에 손가락이나 펜 등을 접촉해 글자를 쓰거나 그림을 그리는 등 원하는 아이콘을 터치해 기계에 명령을 수행시키는 장치를 말합니다.

키보드나 마우스, 버튼을 사용하지 않고, 직접 화면에서 원하는 서비스를 선택하기만 하면 되기 때문에 기계 장치에 익숙하지 않은 사람들도 쉽게 사용할 수 있습니다.

터치스크린은 보통 모니터 위에 투명 플라스틱 판이 하나 더 붙어 있는 구조로 되어 있습니다. 그래서 전원을 켜면, 모니터와 플라스틱 판 사이에 일정한 전압이 걸리게 됩니다. 사용자가 손가락 등으로 원하는 곳을 터치하면, 그 위치의 플라스틱 판이 모니터에 붙게 되며, 이때 이곳에 전기적 변화가 생기게 되는 것이죠. 바로 <u>이 전기적 변화로 생긴 정보가 일종의 명령어로 컴퓨터에 입력되어, 원하는 프로그램이 실행</u>되게 됩니다.

최근에는 이와 조금 다른 방식으로 적외선을 사용하기도 합니다. 즉 화면의 상하 좌우로 간격이 아주 촘촘한 바둑판 모양의 적외선을 흐르게 합니다. 그래서 <u>화면상의 특정 위치에 손가락이 닿으면, 그곳에 흐르는 적외선이 끊기기 때문에 이것을 인지하여 프로그램을 실행</u>시키는 방식입니다. 이 방식은 정확한 위치 정보를 얻을 수 있는 장점을 가지고 있어 고급 장비에 많이 사용되고 있지요.

터치스크린은 쉽고 간편하다는 점 때문에 핸드폰, 컴퓨터 외에도 현금 자동 지급기, 게임기, 민원 서류 발급기, 기차역의 승차권 발매기, 도서관·박물관의 무인 안내 시스템 등 많은 곳에서 활용되고 있습니다.

✪ 터치스크린이 개발되기까지

컴퓨터가 처음 발명되었을 때, 도스(DOS) 운영 체제에서 게임을 즐기려면, 게임 실행 파일을 일일이 키보드로 입력해야만 했습니다. 따라서 명령어를 많이 알아야 했기 때문에, 컴퓨터를 잘 모르는 초보자들에게는 컴퓨터가 그림의 떡이었지요.

그러던 중 윈도우(Windows) 운영 체제가 개발되어 명령어를 몰라도 화면상의 아이콘만 마우스로 클릭해 주면 프로그램을 실행할 수 있게 되었습니다. 이로 인해 많은 사람들이 보다 편리하게 컴퓨터를 사용하게 되었지요. 이렇듯 키보드와 마우스는 거의 모든 컴퓨터에서 입력 수단으로 애용

되었습니다.

    그러던 중 휴대용 컴퓨터인 PDA가 개발되면서 문제가 생겼습니다. PDA의 크기는 작은데 키보드나 마우스를 따로 가지고 다니면서 입력을 하기엔 너무 불편했던 것이지요. 그래서 PDA에서는 펜을 화면상에 접촉시켜 글자를 쓰거나 그림을 그리는 등 아이콘을 선택해 명령을 입력시키는 터치스크린 방식을 도입하게 된 것입니다.

또한 터치스크린은 전문 디자이너들이 정교한 디자인 작업을 할 때 없어서는 안 될 수단으로 활용되고 있습니다. 예를 들어, 여러분이 컴퓨터에서 꽃 그림을 그리고 싶을 때 마우스를 사용해 그리는 것보다 모니터상에서 펜으로 직접 그릴 때를 비교하면, 아무래도 모니터 상에서 펜으로 직접 그리는 게 더 좋은 작품을 기대할 수 있겠지요?

앞으로 터치스크린 기술이 계속 발전하게 되면, 공상 과학 영화에서처럼 손목시계에서 발사된 화면이 허공에 뜨고, 그 화면상의 메뉴를 손가락으로 눌러 프로그램을 실행시킬 날이 올지도 모르겠습니다.

손대면 다쳐! 드라이아이스

무더운 여름날, 아이스크림 가게에서 아이스크림을 사면 집까지 녹지 않게 가져가라고 드라이아이스를 채워 줍니다. 그러면 신기하게도 1~2시간이 지나도 아이스크림이 녹지 않아 맛있게 먹을 수 있지요. 일명 '마른 얼음'이라는 뜻의 드라이아이스는 어째서 이렇게 냉동 효과가 뛰어난 것일까요?

● 이산화 탄소의 변신

 물질은 온도와 압력의 변화에 따라 상태 변화를 일으킵니다. 예를 들어 액체 상태인 물은 온도와 압력의 변화에 따라 기체 상태인 수증기와 고체 상태인 얼음으로 상태 변화를 일으킵니다.

 드라이아이스도 마찬가지입니다. 기체 상태의 이산화 탄소를 압축, 냉각시켜 고체로 만든 것이 바로 드라이아이스지요. 물이 0도에서 얼음으로 변한다면, 드라이아이스는 이산화 탄소 기체가 영하 78~80도에서 고체가 된 것입니다.

얼음은 온도가 0도이기 때문에 주변 온도 역시 0도 안팎에 불과합니다. 또한 얼음은 날이 더우면 잘 녹기 때문에 보관도 신경 써야 합니다. 반면 드라이아이스는 온도가 훨씬 낮기 때문에, 얼음보다 훨씬 낮은 온도로 냉동 보관할 수 있습니다. 고체 상태에서 액체를 거치지 않고 바로 기체로

승화하기 때문에 얼음처럼 물이 생겨 주변을 적실 염려도 없습니다. 이처럼 얼음보다 더 차갑고, 물이 나오지 않기 때문에 '마른 얼음'이라고 부르는 것이죠.

드라이아이스의 대표적인 용도는 식품의 냉동 보관입니다. 주위 온도를 낮춰 식품을 오래 보관할 수 있게 해 줍니다. 이산화 탄소의 특성상 특히 세균이나 곰팡이 등의 번식을 막아 주기 때문에 미생물로 인해 식품이 상하는 것도 막을 수 있습니다.

● 드라이아이스 흰 연기의 정체

드라이아이스 주변에서 흰 연기가 모락모락 일어나는 것을 보고 사람들은 고체 상태인 드라이아이스가 기체 상태인 이산화 탄소로 변하면서 날아가는 것이라고 생각하는 경향이 많습니다. 그러나 실제로는 <u>드라이아이스가 너무 차가워 그 주변 공기들을 냉각시켜 수증기로 만든 것</u>이 연기처럼 보이는 것입니다.

결혼식이나 텔레비전 가요 프로그램 등에서 주인공 주변으로 갑자기 하얀 연기가 뿜어져 나오는 것도 바로 공기를 드라이아이스로 냉각시켜 그때 생기는 수증기를 무대 쪽으로 뿜어 내는 것입니다.

드라이아이스의 이 같은 성질을 이용해 과학자들은 인공 강우 실험을 하기도 합니다. 아직 비구름으로까지 발달하지 못한 구름 주변에 드라이

아이스 파편들을 뿌려 주면, 드라이아이스 주변의 공기나 수증기 입자들은 급속히 냉각되기 시작합니다. 이 입자들이 점점 커지면 땅으로 떨어지게 되고, 떨어지는 도중에 녹아 비로 뿌려지게 되는 것입니다.

구름이 형성되지 못한 경우에는 활용할 수 없지만, 드라이아이스의 성질을 잘 이용하면 강우량을 조금이라도 더 늘릴 수 있는 것입니다.

공기 중에 아주 흔한 이산화 탄소는 최근 지구의 표면 온도를 높이는 이른바 온실 효과의 주범으로 지목되고 있습니다. 하지만 산소의 공급을 막기 때문에 불을 끄는 소화기에도 사용되고, 사이다와 같은 탄산음료에 넣어 그 맛을 좋게 하는 데도 사용됩니다.

게다가 드라이아이스로도 쓰여 우리에게 여러 도움을 주니, 알고 보면 이산화 탄소도 우리의 삶을 윤택하게 해 주는 자연의 선물임에는 틀림없는 것 같습니다.